微商创业与营销宝典

WEISHANG CHUANGYE YU YINGXIAO BAODIAN

苗李宁 编著

化学工业出版社

·北京·

移动互联网的到来，使微商成为商业社会的主角之一，微商成就了传统行业渴望创新与变革的雄心壮志，也成就了无数草根创业者的梦想。

《微商创业与营销宝典》是微商从业者必备的微商运营手册，有很多可操作性的方法和实战技巧。本书采用图文并茂的形式，详细讲解了微商的运营模式，如选择平台、进货和渠道建设、微商营销技巧以及运营方法等内容，同时还列举了多个行业微商的大量成功案例，结合当前微商最流行的玩法和高速成长背后的成功法门，揭秘微商的赚钱之道，让读者在阅读的同时加以借鉴，使微商创业者和微商参与者少走弯路。

图书在版编目（CIP）数据

微商创业与营销宝典 / 苗李宁编著. —北京：化学工业出版社，2016. 5（2018. 6重印）

ISBN 978-7-122-26636-1

Ⅰ. ①微… Ⅱ. ①苗… Ⅲ. ①网络营销 Ⅳ. ①F713. 36

中国版本图书馆CIP数据核字（2016）第062520号

责任编辑：卢萌萌　　文字编辑：谢蓉蓉

责任校对：边　涛　　装帧设计：尹琳琳

出版发行：化学工业出版社（北京市东城区青年湖南街13号　邮政编码100011）

印　　装：高教社（天津）印务有限公司

710mm×1000mm　1/16　印张$13\frac{3}{4}$　字数258千字　2018年6月北京第1版第3次印刷

购书咨询：010-64518888（传真：010-64519686）　售后服务：010-64518899

网　　址：http://www.cip.com.cn

凡购买本书，如有缺损质量问题，本社销售中心负责调换。

定　　价：49.80元

前言

如今，手机已成为现代人的必备，据统计，至 2014 年上半年我国智能手机用户规模达 5.56 亿，即每 10 人中就有 4 人在使用智能手机，其中每天人均使用时间超过 4 个小时。

智能手机的普及催生了一个全新的商业模式——微商，微商是企业或者个人基于社会化媒体开启的新型业态。随着微商的火热，现实中很多社交关系也逐渐迁移到手机上，传统消费也从线下转移到线上，这种变化正在慢慢地颠覆着绝大多数行业的格局。

微商类型主要有两种，一种是基于微信公众号成为 B2C 微商，另一种是基于朋友圈成为 C2C 微商。随着竞争的进一步加剧，仅仅靠刷朋友圈显然是不够的，由于缺乏完善的交易体系和信任机制，未来的路会越走越窄。当朋友圈的红利被消耗殆尽，我们就应该清楚微商未来的发展方向和发展方式将会怎样变化；与此同时我们要做好准备，与时俱进，找到应对的策略。

经过长期的经验总结，未来的微商将会表现出 4 个变化。

（1）向微信平台转移

如果说淘宝开启了全民网购的时代，那么微信就开启了全民微商的时代。微信群、朋友圈、微信公众平台让自商业成为一种可能，尤其是微信公众平台会使以往那些以个人微信为单位的商家集结成一个庞大的联盟体。随着微信功能的不断完善、不断创新，微信微商将待以爆发。

（2）规模化运作

自微商诞生以来，一直处于非常分散的状态，犹如散兵游勇，在未来这种状况将会消失。无论是以京东购物为主的品牌电商，还是以微盟旺铺为主的第三方，微商的最终发展都是规模化运作。这是一个 C2C 向 B2C 转化的过程，就像淘宝最初运作的是 C2C。当这一模式偏离正轨时天猫 (B2C) 就应运而生，微商也是如此，朋友圈卖货只是微信电商途径的一步。

（3）产生小而美的 C2B 模式

C2B 是指从消费者到企业，这是一种新的商业模式，即按用户需求个性化定制产品。随着人们消费理念的转变，逐步呈现出个性化、多样化，C2B 蕴藏着巨大的能量。尤其是在移动互联网时代，将会迎来全面的发展，再加上微商本就具有“小而美”的特色，更适应“小而美”的产品发展，自然容易迎合消费者的需求。

（4）需要充分与线下资源结合

与线下资源结合即我们所说的 O2O 模式，将线下的机会与线上结合，让互联网成为线下交易平台。做微商重在服务，如果仅仅定位为一个卖东西的人，那么就只能是一个平台上的卖家或中间商；而如果充分与线下结合定位为一个服务商，旨在解决用户的终端需求，将会形成一种自己的独特模式，在市场中也能够占有一席之地。

基于以上 4 个变化，本书没有单纯地介绍微信微商的运作方法和技巧，而是从微商模式、微商平台、开店技巧以及进货、营销技巧等多个层面，全面而深刻地进行分析。采用图文并茂的呈现方式，更有利于读者阅读。

全书分为 8 章，第 1 章主要概述微商发展的基本现状，包括模式、类型、现在所处的阶段，以及与微信千丝万缕的联系；第 2 章主要介绍常见的几种微商平台，分为个人版和商家版，适合个人创业者和企业阅读；第 3 章详细分析了卖什么的问题，对于商家而言，选对项目很重要，如何选择尽在本章中；第 4 章介绍了商家如何吸引粉丝、增加用户的方法和技巧；第 5 章介绍了微店的市场拓展和渠道建设，没有渠道，商品再好也很难被消费者接受，因此如何打造自己的渠道很重要；第 6 章将一一介绍微商营销所需的工具，通过这些工具建立自己的渠道，顺利将产品推向市场、推向消费者； 第 7 章介绍微商的销售技巧，让用户真正喜欢上你、喜欢上你的产品；第 8 章结合当前的发展态势，阐述不同行业微商是如何实现盈利的，主要通过大量案例进行分析和解读。

本书为团队协作的成果，感谢苗小刚、魏丽、李伟、潘鑫、苗李敏、张丽萍、谭厚臣、王方方、樊冬梅等对本书在材料搜集、文图调整方面提出的建议；丁雨萌在图片方面提供的帮助，魏艳在文字校对、语言修正方面的帮助。由于作者水平有限，不足和疏漏之处在所难免，请读者批评指正。

编著者

2016 年 2 月

目录

第4章　如何吸引粉丝？——微商存在的基础　98

第5章　如何做渠道？——微信公众号推广技巧　121

第8章　哪些领域在接轨微商？——微店实例解析　179

第1章

微商模式

——开启第二次创业潮

自从移动互联网兴起之后，一种新的商业模式——微商便出现了。这是一种依靠智能设备崛起的新行业，创业成本低、风险小、碎片化，成了草根一族、传统企业必须掌握的创业新模式。

1.1 颠覆传统电商的新模式

在 2014 年 9 月 11 日天津达沃斯论坛上，李克强总理表示：让每个有创业愿望的人都拥有自主创业的空间，让创新、创造的血液在全社会自由流行，让自主发展的精神在全体人民中蔚然成风。与此同时，移动互联网的春风也掀起了“大众创业”“草根创业”的新浪潮，而微商也自然成了很多创业者的首选。

微商最早由微盟 CEO 孙涛勇提出，是一种企业或者个人基于社会化移动社交的电商模式。以微信、微博、微商城（微店）为载体，以移动智能终端为硬件基础，借助 SNS 关系开展产品宣传，或服务推广及营销，如图 1-1 所示。

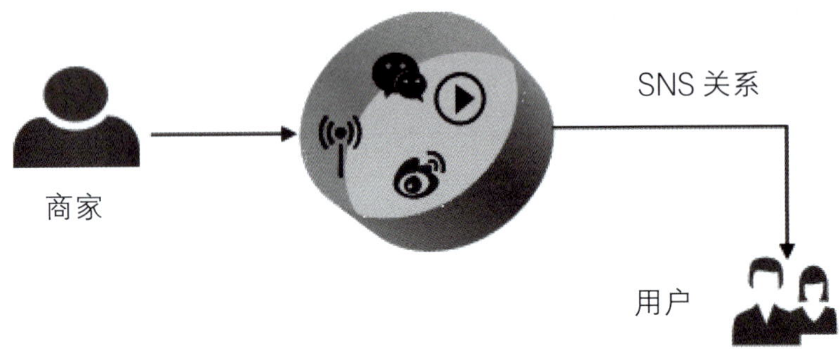

图 1-1　基于社会化移动社交的电商模式

以往人们浏览信息、购买物品时大多从 PC 端获取，而现在逐渐转移到手机客户端。只要打开手机，便能够轻松获取，这就是基于社会化移动社交的电商模式的魅力所在。传统电商与用户之间的交易需要在淘宝等平台上进行，而这些平台是 PC 时代的产物，商家带来的用户最终属于平台，并非商家自己。这使大多数商家与用户缺乏直接沟通，也无法了解用户的真实需求，导致商家面临如何沉淀用户的难题。而微商是去中心化的电商形态，用户主要通过搜索完成，商家可与用户直接交流，从而脱离了平台的束缚。

可见，微商模式最大的好处就是能凝聚用户，形成一个属于自己的大数据库；直接消除了一切中间障碍，实现线上、线下 N 种渠道的完全链接，建立畅通无阻的通道。这些都决定了微商比传统电商更容易精准地找到用户群，实现个性推荐、精准营销，大幅提升订单量和服务质量。

1.2 微商的发展阶段

微商的发展历史很短，是伴随着“微时代”而产生的；最早萌芽于微博，后又借助微信热逐步发展起来。严格地讲，微商是从微信开始的。微博时代的微商数量少、规模小，影响力可以忽略不计，直到微信被广泛运用才有了跨越式发展。经过认真梳理，微商的发展大概经历了 3 个阶段。

★ 阶段一：靠自媒体自发性的营销

起初，微商大多是运用自媒体的传播性、社交性、裂变性的特点来做推广和营销的。这仅仅是对自媒体本身的运用，并没有涉及到过多的投入、特别的策划、推广的技巧等。

例如，在微博内打广告；通过添加 QQ 好友来扩大宣传等。

★ 阶段二：靠明星产品的带动营销

当微商借助于自媒体营销一段时间后，便意识到要想做强做大，只靠自媒体本身是不够的，还需要有“明星”的带动。例如，在业界较有影响力的明星企业、明星产品进行推广。如果没有这些“明星”的带动，就没有粉丝追随，也就没有内核。也就是说，只有把自己的平台打造成明星平台，才能拥有自己的地盘，才能成为这一领域的佼佼者。

例如，“鬼脚七”——阿里巴巴曾经的技术总监，便利用阿里巴巴这个明星企业吸引了大量粉丝，成为名副其实的营销专家。

★ 阶段三：靠粉丝的病毒式传播营销

一种产品，无论自身质量有多过硬，没有众多消费者的支撑，就无法在市场中走远。尤其是在这个社会化、大众化的时代，用户、消费者、粉丝决定着一种产品的生命周期。因此，当你成为一个明星之后，就要依靠粉丝的力量不断扩大品牌影响力，实现一传十、十传百的病毒式营销。

1.3 微商的三大类型

与传统电商模式一样，微商大体分为三种，有淘宝集市那样的 C2C 微商，也有有类似天猫那样的 B2C 微商，以及以京东购物为主的 B2C2C 模式。三者的运作模式是不同的，商家可以根据自己的需求和产品特色决定。

1.3.1 C2C 微商

C2C（Customer/Consumer to Customer/Consumer）是指个人（消费者）与个人（消费者）之间的一种业务模式。也可以理解为传统零售商或电商中的个人淘宝店，是指个人直接把产品推销给消费者，如图 1-2 所示。

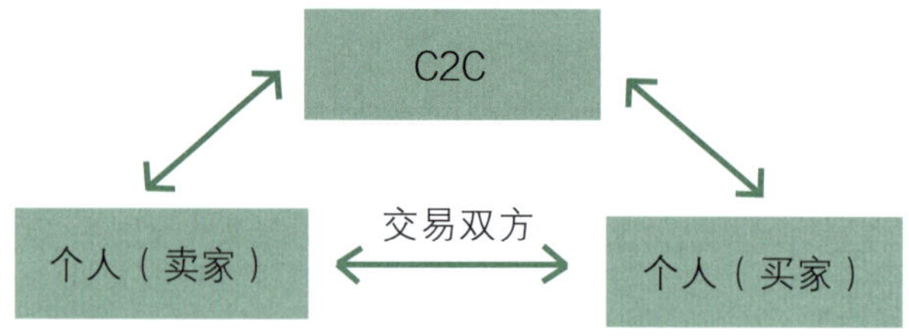

图 1-2 C2C 微商运营模式

C2C 模式适用于个人，主打个性化和精准化推送。例如，微商在朋友圈刷个人信息，朋友圈的好友看到后就会购买。它对产品、渠道、客户数量要求不高，起步容易、操作简单。这类电商平台最具代表性的是淘宝网，市场份额超过 60%。此外，拍拍网、易趣网也都采用了这种模式。对微商而言最主要的平台则是口袋购物，如图 1-3 所示。

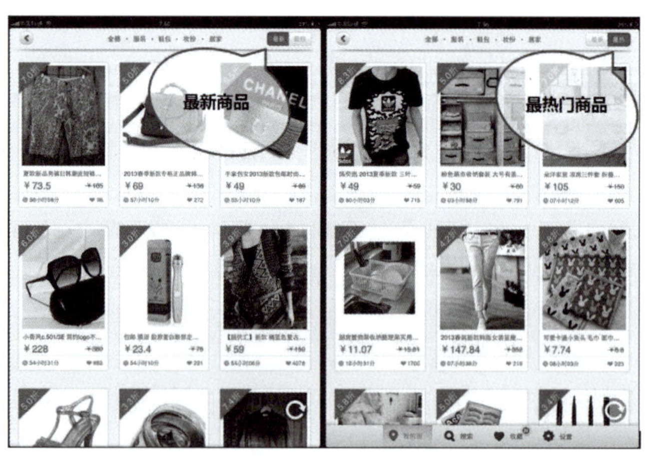

图 1-3 口袋网：入住 C2C 微商最多的平台

1.3.2 B2C 微商

近两年来，随着唯品会、一号店、天猫等第三方平台的迅速崛起，小 C 微商将会被淘汰或向 B 端转移，小 B 或大 B 式微商将会迅速崛起，从而催生另一种微商模式——B2C。而且随着微商的进一步发展，这种企业级的 B2C 微商会有较大优势，无论是从货源、管理、囤货还是交易等方面都可以通过平台来规范管理，如图 1-4 所示。

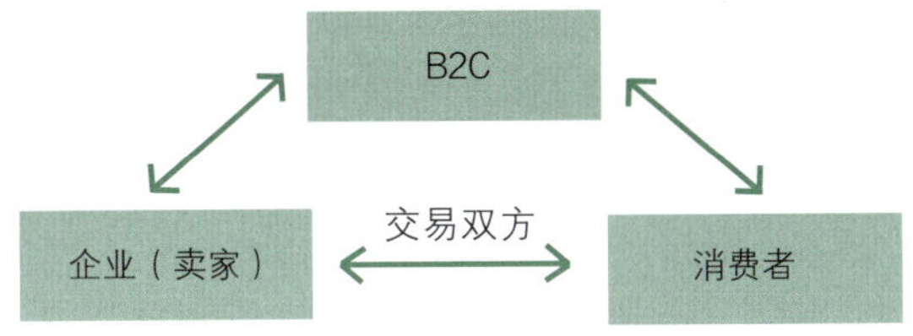

图 1-4 B2C 微商模式

这种模式是传统电商运用最多的一种模式，主要是借助于 Internet 开展的在线活动，一般以网络零售业为主。发展到微商阶段，也可以利用这种模式创建自己的平台。通过平台与用户之间直接发生关系，汇聚属于自己的粉丝群体，组建有共同价值观的消费群体，最终打造出自己的品牌影响力。

1.3.3 B2C2C 微商

B2C2C 即商家——渠道——顾客。这一模式平台提供网络销售渠道，店主通过平台在供货厂家方进货，再推销给终端消费者，消费者购买后，商家直接发货。这一模式的好处是对于商家来说，没有库存，货卖出去后再付款，风险几乎为零。

这种微商模式的最终目的是，利用线下的品牌传统企业和电商的影响力，引导其介入微商领域，从而打造一个线上线下的闭环模式，如图 1-5 所示。

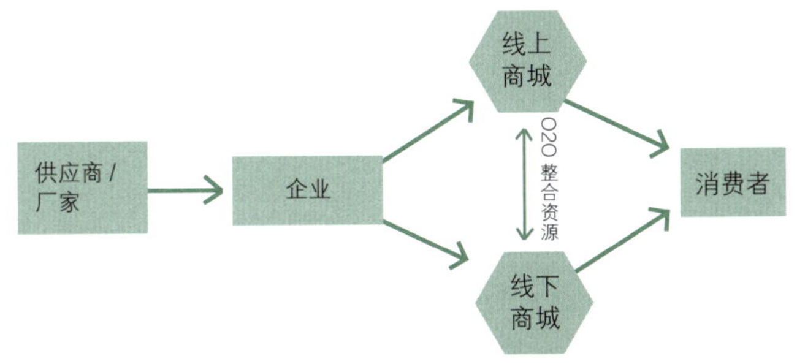

图 1-5 B2C2C 微商模式

品牌传统企业和电商是指拥有自主注册商标等知识产权，并获得过驰名商标等品牌官方认定的企业。这类企业在经营时大多采取全渠道战略的方法，不仅会占领传统线下卖场、门店渠道，还会占领阿里巴巴、京东、当当网等电商渠道，以及移动互联网渠道。如果这类企业进入微商，即可快速建立独特的渠道将产品推广到手机用户手中。

例如，化妆品类的面膜。面膜在短短一年的时间里迅速占领微商平台，成为一个容量超过 1000 亿元的市场。在这个庞大的市场里，韩束非常具有代表性，自从 2014 年 8 月宣布进入微商领域，1 年之内超过 40000 个微商代理，销量收入突破 10 亿元。其运营方式就是典型的 B2C2C 模式。

1.4 微信是微商的“超级入口”

微信依靠“连接一切”的能力，实现了社交分享、熟人推荐与朋友圈展示。作为目前唯一一款超级 App，已经成为连接人与人、人与物、物与物的接口。从起初一款简单的社交软件，发展到如今功能强大的综合性平台，朋友圈、公众平台更是直接成为微商做生意的前沿阵地，如图 1-6 和图 1-7 所示。

图 1-6　微商利用微信朋友圈推广

图 1-7　微商利用微信公众平台推广

在这样一个移动互联网时代，抢占入口显得格外重要。可以说，微信正在打造一个开放的、全方位的入口平台。所谓“入口”，通俗地讲就是所有用户都愿意花时间的地方。有了用户的注意力，才会有更好的盈利模式和前景。

相比于其他平台而言，微信已经发展成移动端第一入口，包括购物入口、移动支付入口、O2O入口、视频入口、信息入口、身份入口、搜索入口、流量入口、电子商务转战移动端入口等。通过这些入口，微商不仅可以进行信息发布、商品宣传，打造一站式的购物、支付、售后平台；还可以与消费者进行直接交流、互动，营造一流的购物体验。

同时，有更多的微商把微信当作用户管理系统。微信是一个绝佳的用户管理平台，商家在公众号上能与消费者建立直接的联系。当消费者购买使用产品后，若价格、效果均不错，就可以通过企业搭建的微信商城入口申请成为微客，将商品分享链接到朋友圈、微博、QQ空间等社会化平台上，从而实现基于熟人推荐方式的裂变式营销，如图1-8所示。

用户都喜欢简洁、便捷的页面，这一点目前只有微信做到了。毫无疑问，微信已经成为微商创业者的首选平台，也成为微商创业者的“超级入口”。随着人们对微信的依赖越来越大，未来会有越来越多的人通过微信进入微商行业。

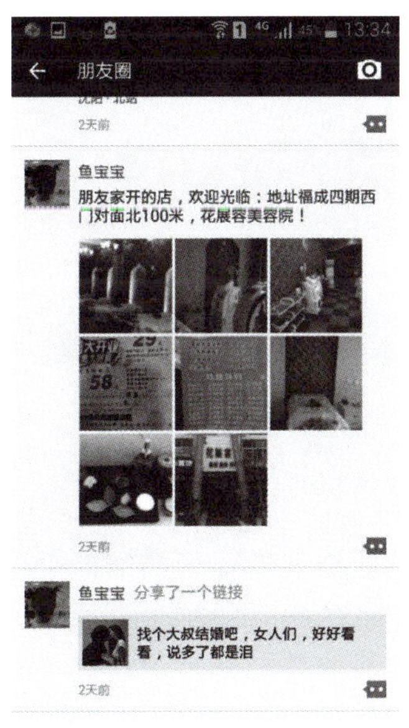

图1-8 微信基于熟人推荐式的裂变式营销

1.5 微信支付：电商的微商入口

当微信从社交软件升级为综合性平台后，支付功能便成为微商们最青睐的功能。因为消费者在关注平台的同时，不仅仅有购物需求，还有享受相关配套服务的需求。

微信支付，为微商完善购物服务提供了有力的支撑。相对于第三方支付、网银转账等间接支付方式，它更加方便、快捷。对于用户而言，有了微信支付，智能手机就成了一个全能的钱包，可随时购买商家的商品及服务而不会受到支付的约束。进行支付时只要打开微信支付界面，输入密码即可完成，如图 1-9 所示。

图 1-9 微信支付界面

当然完成这一切前提是，用户需要在微信中绑定一张银行卡并完成身份认证。目前已开通微信支付接口的银行包括中国银行、农业银行、建设银行、招商银行、深圳发展银行、宁波银行、光大银行、中信银行、农业银行、广发银行、平安银行、兴业银行、民生银行等绝大部分银行，其他银行仍在陆续接入中，如表 1-1 所列。

表 1-1　已开通微信支付接口的银行

序号	银行	储蓄卡（借记卡）	信用卡（贷记卡）
1	中国银行	暂不支持	支持
2	招商银行	支持	支持
3	建设银行	支持	支持
4	光大银行	支持	支持
5	中信银行	支持	支持
6	工商银行	支持	支持
7	农业银行	支持	支持
8	广发银行	支持	支持
9	平安银行	暂不支持	支持
10	深圳发展银行	暂不支持	支持
11	兴业银行	支持	支持
12	宁波银行	暂不支持	支持

目前，许多电商开始在微店中接入微信支付功能。大众点评是首批使用微信支付的商家，作为提供餐饮、购物、休闲娱乐及生活服务的网站必须以最方便的体验回馈用户。而微信支付功能无疑大大迎合了这一要求，购买后用户只要扫描二维码就可非常方便地完成付款，如图 1-10 所示。

图 1-10　大众点评网微信支付功能

任何事情都有利有弊，微信支付的开通虽然使手机购物更便捷，但也存在安全隐患。尤其对于用户来说，这种隐患更明显，危害更大。不过随着微信平台的安全升级以及信用体系的逐步完善，加上许多用户也已经养成良好的微信购物习惯，与其他支付方式相比未来将更受微商欢迎。它成为目前移动互联网创业的第一平台选择，依然有无数人选择通过微信结账；而对于原本就拥有流量的电商而言，更是乐意借助于微信对自己的用户进行统一管理，以增加拓展渠道。

1.6 微信支付的四种途径

微信支付主要有 4 种途径，一是直接通过公众号支付，二是通过扫描二维码支付，三是通过第三方 App 支付，四是最近才开发出的一个新模式，通过指纹支付。

接下来，我们就分别了解一下这四种途径具体的操作步骤。

1.6.1 通过微信公众号支付

用户添加该商家的微信公众号，直接进入支付接口完成支付。

例如《城市画报》杂志，当读者添加《城市画报》杂志公众号时，单击购买，这时在首界面最下方会看到“我想要”选项；点击进入支付页面即可直接完成支付，如图 1-11 所示。

图 1-11　城市画报微信公众号支付功能

1.6.2 通过扫描二维码支付

这种方式指利用微信“扫一扫”功能进行支付的一种方式。即用户选中待购买的商品，进入结算页面后选中微信支付，确认订单点击“去付款”；这时页面便自动生成一个二维码，通过扫描二维码，产品价格及相关信息便会显示出来，确认后即可进行支付，如图 1-12 所示。

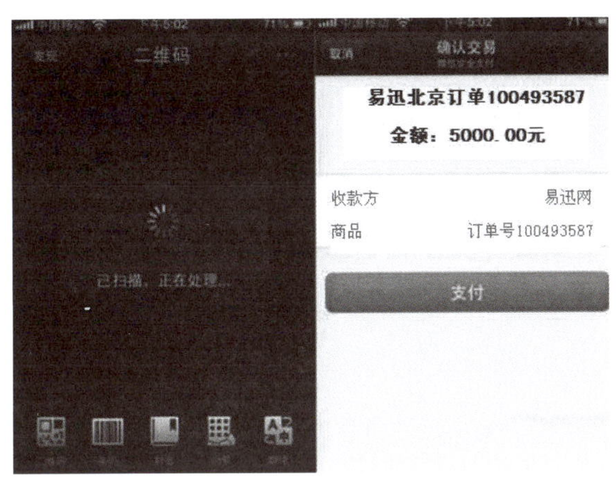

图 1-12　扫一扫微信支付示意图

1.6.3 通过 App 支付

App 支付主要利用第三方应用平台，用户在购买完产品进行付款时，选择与平台相联的微信完成支付。例如在使用淘宝网“逛街”App，选中自己喜欢的衣服或鞋子，就可利用 App 方式支付，将商品加入购物车，点击付款，然后会出现一个支付方式的选择，此时选择微信支付即可，如图 1-13 所示。

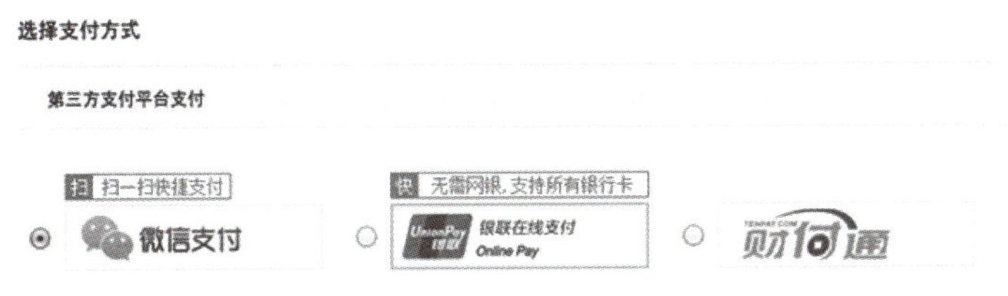

图 1-13　App 微信支付示意图

1.6.4 指纹支付

2015 年 6 月，微信正式推出“指纹支付”。用户根据界面提示将手指置于手机指纹识别区，即可实现“秒付”。支付时无需输入密码，如图 1-14 所示。

微信指纹支付可在 iPad mini 3、 iPad air 2、iPhone 5s、iPhone6、iPhone6 Plus，iOS 8.0 以上系统操作。安卓系统现仅华为 mate7、乐视 max 手机（有指纹识别的安卓机）可支持使用，后续将陆续支持其他手机。微信客户端 6.2 版本、绑定过银行卡的微信支付用户、开通微信指纹支付才可使用。

以上 4 种支付方法虽然形式不同，但最终可归结点，无论是通过微信公众号，还是扫描二维码，抑或 App，确认发送后，订单信息都会传输到商家微信公众后台，自动完成支付。大大省去了商家和消费者因支付问题付出的成本，一切以便捷、快速为主，这便是微商的优势。

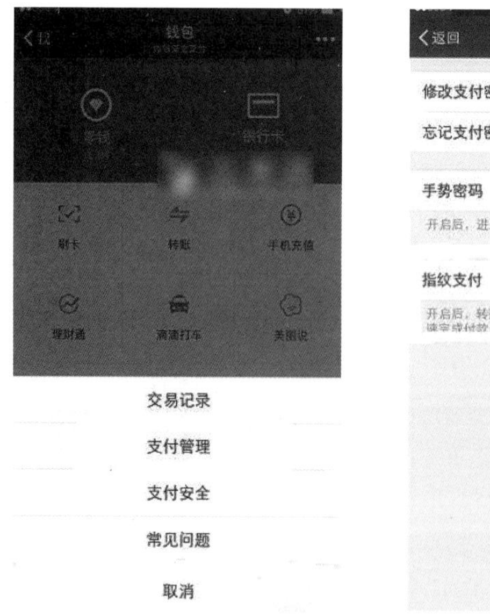

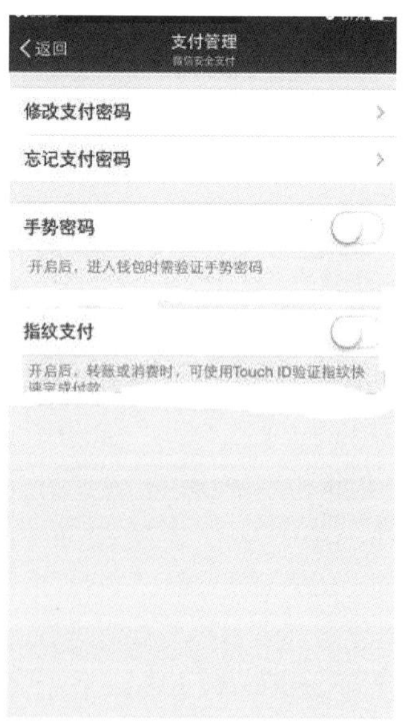

图 1-14 指纹支付示意图

第 2 章

在哪儿卖？

——给小店选个好位置

交易平台是微商赖以生存和发展的基础，微商都是在平台上以开微店铺的形式出现的，然后通过微店铺将商品展示给公众。因此开微店需要先选择一个好的平台。目前这些平台有很多，如微信小店、微盟、京东商城、口袋购物微店等，本章节将一一介绍常见的几个开店平台。

2.1 微信小店（企业版）

微信小店是微信公众平台上后增加的一个功能（2014 年 6 月前后），是腾讯基于微信公众平台打造的一种电商模式。该功能开通后，可将小店接入微信，运用添加商品、商品管理、订单管理、货架管理、维权等功能将商品通过微信传播和宣传并完成销售。

2.1.1 微信小店的开通流程

微信小店的开通方式非常简单，商家只要注册并认证公众服务号，然后再在微信公众平台上开通商家功能即可。具体可按以下 4 个步骤进行。

第一步：
注册账号或升级服务号
服务号群发信息 4 条 / 月；
公众号类型修改后不可更改

第二步：
服务号开通微信认证
微信认证需要支付审核费用 300 元；
认证后可获得更多高级功能接口

第三步：
服务号开通微信商家功能
提交完整的资料
（商家基本资料、业务审核资料
财务审核资料）；
缴纳风险保证金；
开通微信支付功能

第四步：
完成小店注册
普通用户可直接通过小店功能进行管理；
开发者则可通过开发接口实现更便捷灵活的管理；
只能售卖微信支付范围内的商品

2.1.2 微信小店的管理

微信小店是基于微信公众平台运作的，微信平台已围绕微信小店初步建成了一套完善的运作体系，包括添加商品、商品管理、订单管理、货架管理、维权等。因此形成了商家管理 + 交易系统 + 第三方服务商 + 微信支付 + 广点通（腾讯公司推出的效果广告系统）+ 大数据运作的模式。这比传统电商的店铺 + 基础交易系统 + 第三方服务商 + 支付宝 + 直通车 + 大数据的模式更有优势。

微信小店的管理可分为 6 大部分，如图 2-1 所示。

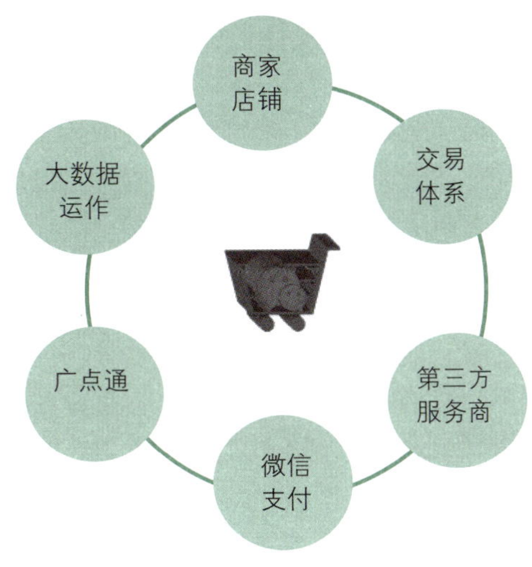

图 2-1　微信小店完善的运作模式

（1）商铺管理

登录微信公众平台，进入后台中心，即可看到“微信小店”入口，进入后可以添加商品，如图 2-2 所示。（第一次登录需要按照系统提示先开通）。

第一步：在“选择类别”中选择要发布的商品类别，如图 2-3 所示。

第二步：填写商品基本信息，包括商品名称、要上传商品图片、运费、库存、内容描述等。对上传的商品可以设置不同类别进行分组，这有利于新商品上架管理；同时，对逾期商品及时下架处理，如图 2-4 所示。

第三步：货架是用于填充商品的显示模板，如图 2-5 所示；选择完货架之后，就可以将分组的商品添加到各自的货架中，如图 2-6 所示。

图 2-2　微信公众平台上的微信小店入口

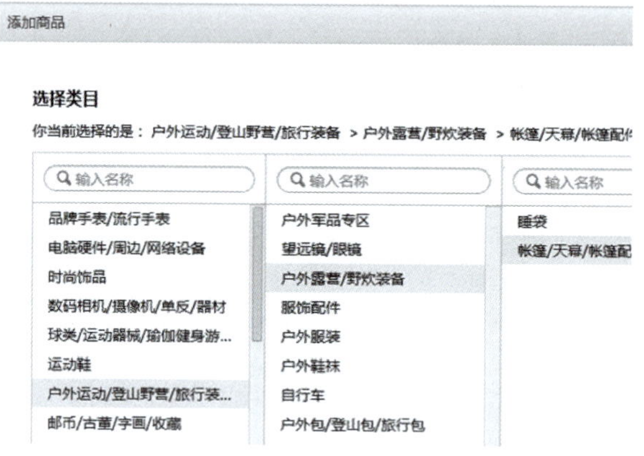

图 2-3　微信小店添加商品界面

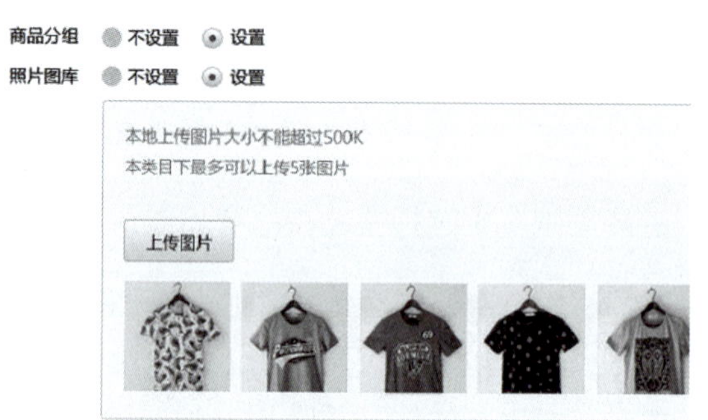

图 2-4　商品分组管理界面

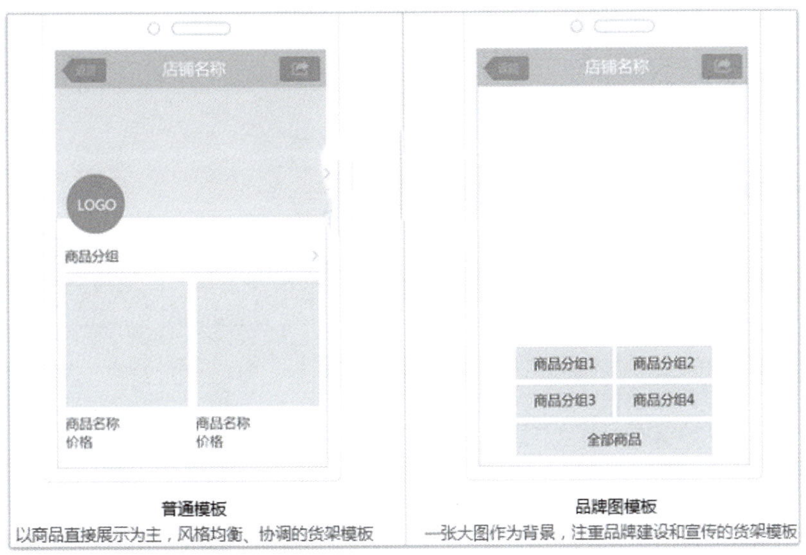

图 2-5　填充商品的显示模板界面

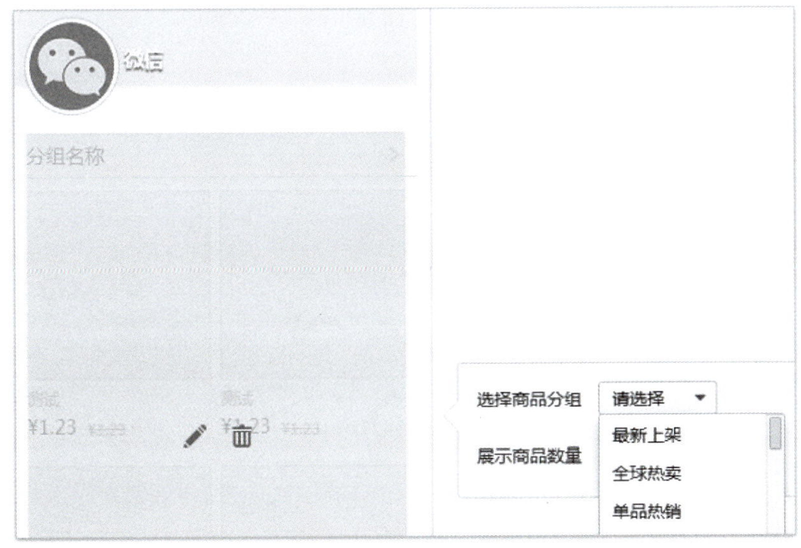

图 2-6　商品展示界面

第四步：发布货架，将设置好的货架复制链接，到自定义菜单中，也可以发送到商品消息中，如图 2-7 所示。

图 2-7　商品发布界面

（2）交易体系

订单管理：用户支付成功后，微信公众平台后台会生成相应的订单；商家可以通过查询订单，进行发货，如图 2-8 所示。

图 2-8　交易体系界面

交易详情：商家可在后台交易详情中查看支付信息、已发货消息等，如图 2-9 所示。

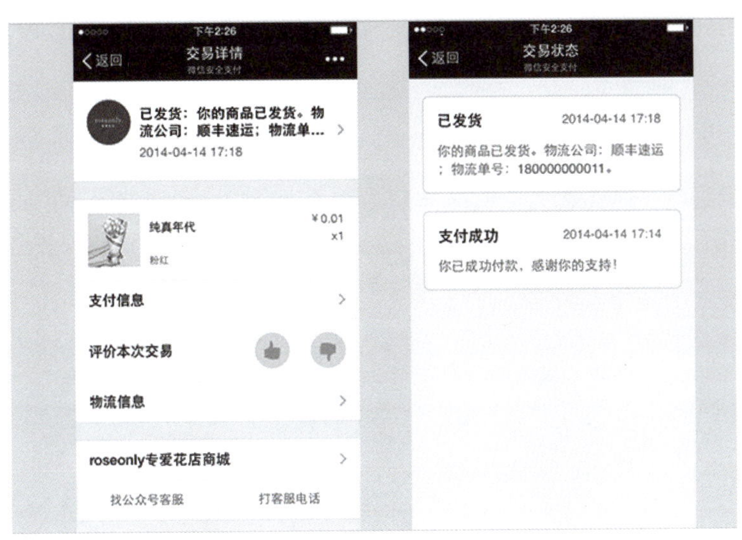

图 2-9 交易详情界面

（3）第三方服务

微信要做的就是“连接一切”，如连接人、连接企业、连接物体，让它们组成有机的自运转系统，避免构建分割的局部商业模式。微信连接一切的定位，瞄准的不仅仅是人，更是人和商品，这便是微信公众平台“微信小店”的理论基础。

微信小店将平台开放给第三方，如会员管理、货运系统管理、优惠活动等都能依靠第三方来实现，如图 2-10 和图 2-11 所示。也就是说，微信小店是一个与第三方一起打造人、物、服务的原生系统。这套原生系统能够实现商品交易，有助于创建透明公正的商业体系，让系统在规则下运转，从而避免人为的干预。

图 2-10 第三方平台上的会员管理功能　　图 2-11 第三方平台上的货运管理功能

（4）微信支付

微信小店是基于微信支付而运作的，因此开通微信小店必须先开通微信支付功能，否则将无法使用。（关于微信支付的开通和使用方法前面已讲，此处不再赘述）。

（5）广点通

广点通是基于腾讯大社交网络体系构建的一个广告平台。通过广点通商家可在 QQ 空间、QQ 客户端、手机 QQ 空间、手机 QQ 等平台同步投放广告进行产品推广。广点通的登录系统，如图 2-12 所示。

图 2-12 广点通的登录系统

2.1.3 微信小店的接口功能

微信开启了很强的技术开发功能，让部分有开发能力的商家可以通过 API 接口自行开发管理系统，通过接口的权限实现多元化功能。这样的接口通常有以下 10 个，如表 2-1 所列。

表 2-1 微信小店的接口类型与功能

接口类型	功能
安全支付接口	申请到此接口的服务号才可以直接在微信上完成支付
主动下推接口	商家可主动向粉丝一对一推送信息，且不限条数
授权接口	商家可获取用户的微信号、微信名称、地址等信息，是获取客户资源的主要方式

续表

接口类型	功能
批量关注接口	商家可批量调取粉丝公众号，引导他们将一些好的应用分享给其他人
关注者分组	商家可对公众号粉丝进行分组，将粉丝分组、划分成不同维度，给不同粉丝打上不同标签，以实现精准营销
上报地理标识	商家可主动获取用户的位置，从而进行相关的 LBS 应用
共享收货地址接口	商家可调取粉丝的收货地址，只要粉丝曾经填过都可以调
CRM 接口	商家可以将企业会员导入微信里
一键关注接口	商家可在页面点击链接或者按钮，跳到公众号关注页面（尚未开放）
一键分享接口	商家可直接在页面点击一键式按钮（尚未开放）

这些接口使微信成为一个更加完善的、综合性更强的商业平台，这也是微商选择微信平台的主要原因所在。

2.2 京东微店（企业版）

京东微店是依托于京东商户平台、微信/微信公众平台构建的一个手机购物平台，消费者通过微信入口即可进入京东店购物消费。京东微店与 PC 客户端京东商城完全打通，为消费者提供了更便捷、更多场景的购物服务，如一对一沟通，闪电发货、退换货等。

2.2.1 京东微店的优势

业界预测，未来京东微店势必会颠覆淘宝，成为最主要的电商平台。目前，优购、森马、达芙妮等品牌都已经入驻京东微店。这是个非常有特色的平台，入驻的商家可享受多项服务，如图 2-13 所示。

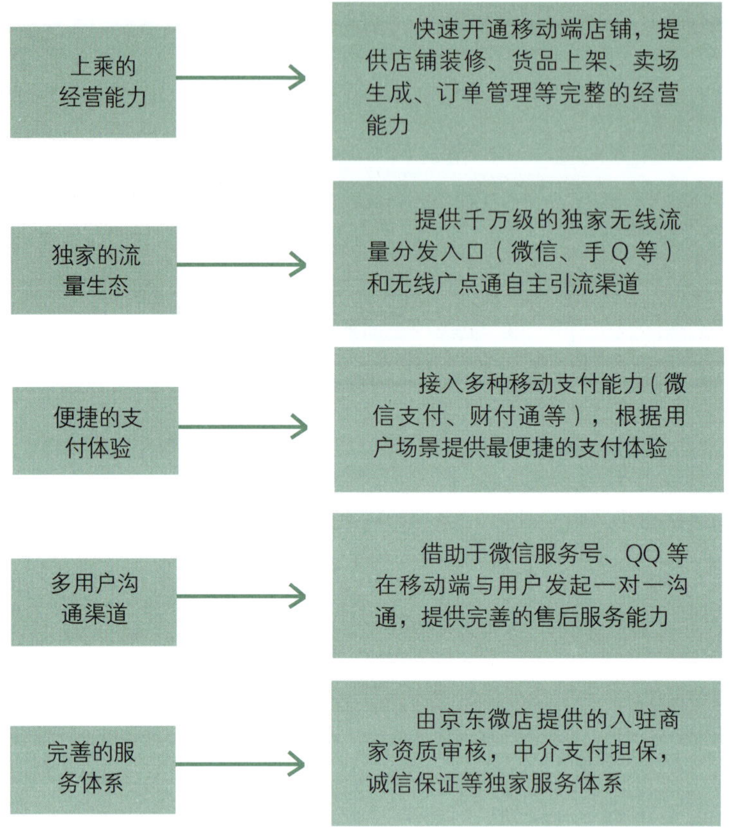

图 2-13　京东微店的优势

入驻京东商城的商家，可以零成本拥有一个移动平台。值得注意的是，京东微店目前仅面向企业用户开放，不支持个人用户申请。

2.2.2　京东微店开通流程

（1）注册并认证公众服务号

与开通微信小店一样，开通京东微店同样需要先注册，经过系统审核、认证。开通京东微店需用一个 QQ 号，而且该 QQ 号必须无网购清退记录，非已经或正在申请拍拍微店的号。

登录京东微店首页，在打开的页面中点击“入驻微店”，此时弹出登录窗口，点击“登录”按钮即可，如图 2-14 所示。

图 2-14 登录京东微店

登录后，商家首先看到的是电子协议签订页面，勾选“我已阅读并同意×××”即可进入“下一步，提交申请”，如图 2-15 所示。

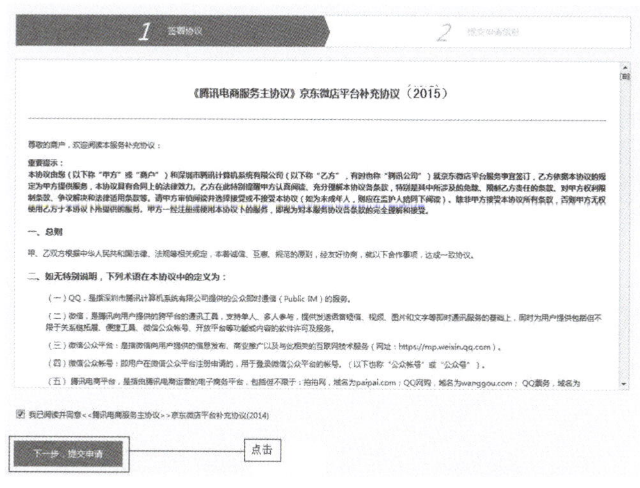

图 2-15 申请京东微店电子协议签订页面

（2）进入申请资料填写界面

进入资质填写页面，即填写店铺申请人等信息，同时需提交注册的微信号、微信原始 ID 等相关信息，（可登录微信公众平台中的账号信息进行查看）如图

2-16 所示。填写资料确定无误后，点击“确认提交”按钮，进行提交。

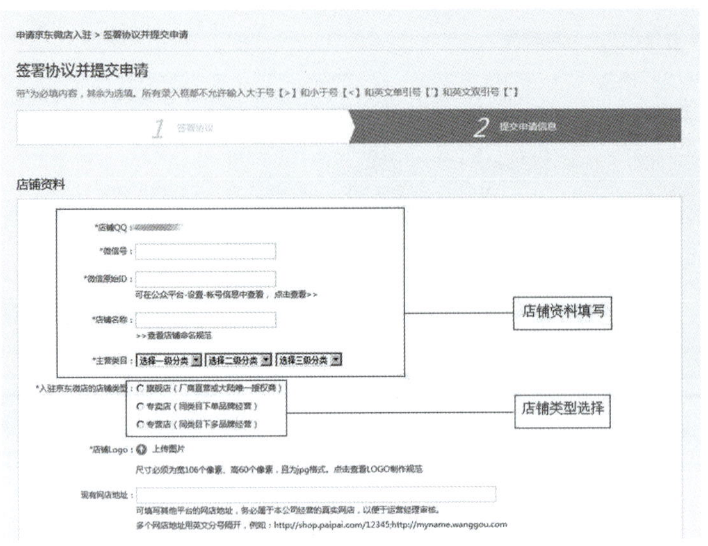

图 2-16　申请京东微店资料填写界面

值得注意的是，在此页面上有三种微店类型，用户应根据自己的需求正确选择。

①旗舰店：适合自有品牌（商标为 R 或 TM 状态）的商家。

要求：入驻须经营一个自有品牌商品的品牌旗舰店；经营多个自有品牌且各品牌归属同一实际控制人的品牌旗舰店；由服务类商标所有者开设的卖场型旗舰店。（仅限特邀入驻商家）

②专卖店：适合持品牌授权文件在京东微店开设的商家。

要求：入驻须经营一个授权销售品牌商品的专卖店；经营多个授权销售品牌的商品且各品牌归属同一实际控制人的专卖店。

③专营店：适合在经营两个及两个以上品牌商品的商家。

要求：入驻须经营两个及以上他人品牌商品的专营店；同时经营他人品牌商品和自有品牌商品的专营店；经营两个及以上自有品牌商品的专营店。

（3）资质审核

商家提交相关资料后，需要等待平台的审核，通常 1 个工作日后便会有结果。具体审核流程如图 2-17 所示。

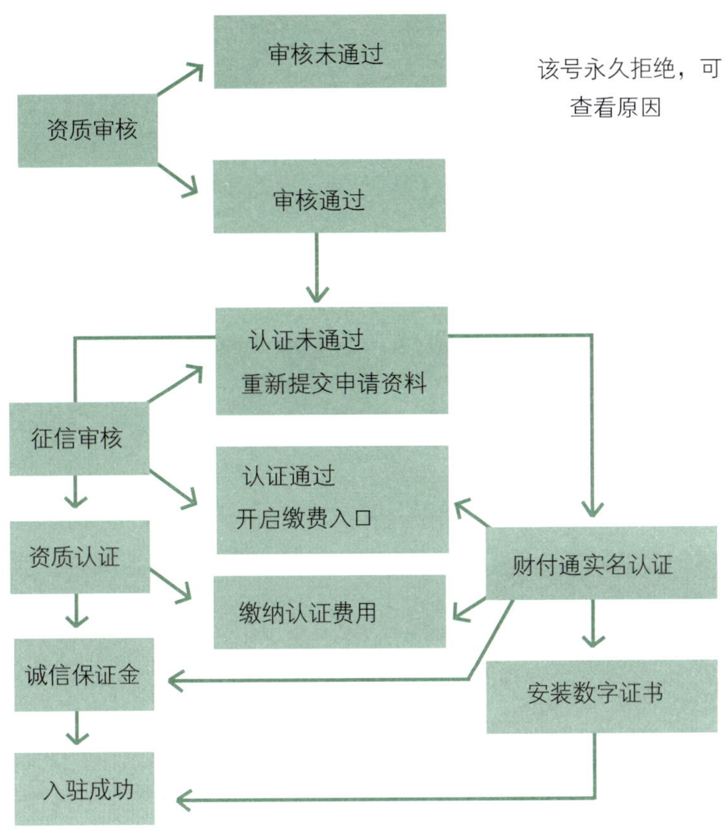

图 2-17　申请京东微店资质审核流程

（4）商家缴费开店

用户需缴纳“诚信保证金”，相关费用信息、资费标准可通过系统查看，完成费用缴纳后则入驻成功。

2.3 口袋购物微店（企业、个人版）

口袋购物是一款购物应用软件，成立于 2011 年 9 月。2014 年推出手机 APP——微店。

微店作为一个微商入驻的主要平台，也具有自身的优势。其最大的优势就是，申请程序简单，易于操作，适合企业和个人使用。用户通过手机号码即可开通，通过一键分享就可连接 SNS 平台宣传自己的店铺和产品。

2.3.1 口袋微店的开通流程

① 在口袋购物官网、APP Store 或安卓应用市场下载，安装到手机上。

② 打开微店，根据提示找到注册菜单，输入手机号、姓名等信息，注册账号成功后即可创建店铺，具体如图 2-18 所示。

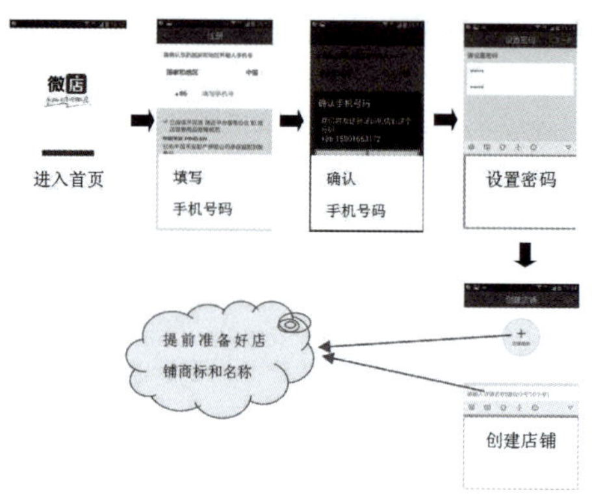

图 2-18 微店开通流程示意图

2.3.2 口袋微店的管理

拥有口袋微店很简单，但如何管理还需要掌握必要的技巧。口袋微店向商家提供了 6 大管理板块，分别为店铺管理、商品管理、订单管理、统计管理、客户管理和收入管理，如图 2-19 所示。

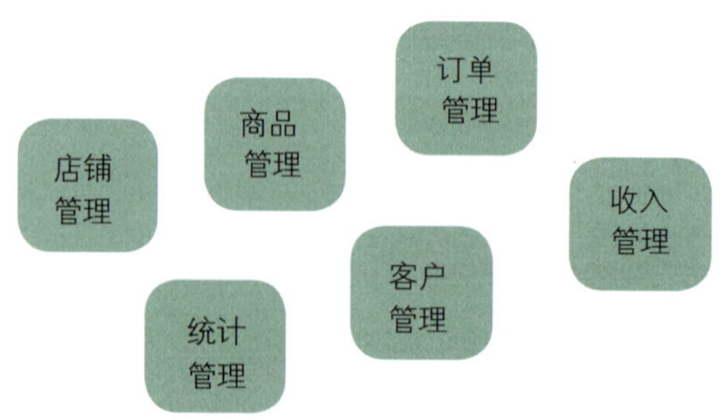

图 2-19 微店管理的 6 大管理板块

(1) 店铺管理

店铺管理主要是指对微店的装修和设置。微店拥有多套设置模板，商家可通过不同的组合，打造出属于自己的个性店铺；同时也可自己拍照、抓拍，根据需要自行设置，如图 2-20 和图 2-21 所示。

图 2-20　微店固定设置模板

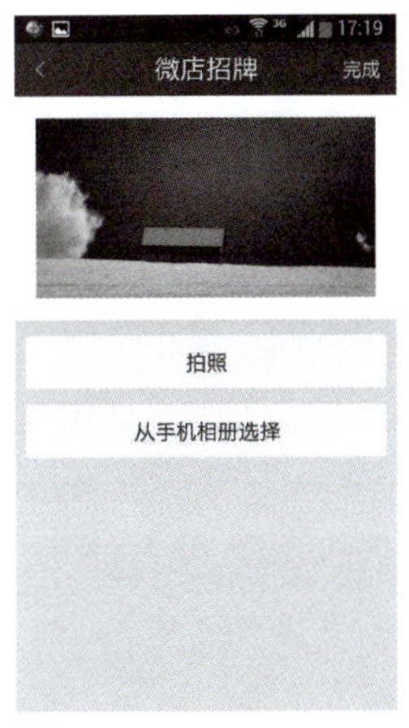

图 2-21　微店自由设置功能

商家可以将店铺与微信相连，将店铺信息共享到朋友圈、微信群或特定的微信好友中，让他们帮助宣传，如图 2-22 所示。

图 2-22　店铺分享微信首页界面

在宣传上微店也有很多优势。所有商品都可以通过二维码和直接复制链接的方式推广，如图 2-23 所示；也可以通过微信、QQ 点对点分享给好友、QQ 空间和新浪微博等社交平台，如图 2-24 所示。

图 2-23　二维码和复制链接方式

图 2-24　分享到朋友圈等方式

此外，平台还陆续向商家们开放一系列新功能，包括口袋购物（综合性一站式手机购物 App）、今日半价（1 ~ 5 折官方旗舰店正品、爆款折扣类应用）、美丽购（专注服务年轻女性的服饰类 App）、代购现场、美铺（与美图秀秀合作），以及微店联盟等，这些可集聚大量的客流。真正实现了帮助商家多平台推广、用户引流的目的，如图 2-25 所示。

图 2-25　店铺今日半价广告

（2）商品管理

商品管理包括对商品进行描述，如性质、价格、用途以及特征等。以及对商品进行跟踪管理，进入商品管理界面可直接添加商品并进行管理，如查看商品的上架时间、销量、库存等，如图 2-26 所示。

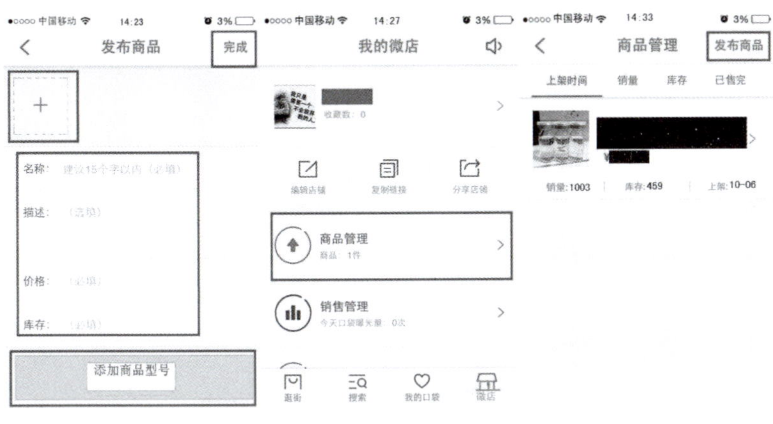

图 2-26　微店商品管理界面

（3）订单管理

微店拥有独立的客户端，可以实时地在手机上处理订单，随时随地获取用户信息，保证不丢掉任何一笔生意，可谓真正的高效、快速、便捷，如图 2-27 所示。

图 2-27　在手机上查看微店订单

（4）统计管理

统计管理包括昨日浏览量、总浏览量、收藏、已赞人数等，商家通过这个功能可查看访客、订单以及收支情况，如图 2-28 所示。

图 2-28　查看微店统计量界面

（5）客户管理

客户管理主要是指对客户进行的一系列管理，包括聊天信息、微店商圈、评价管理和老客户关系维护等，如图 2-29 所示。

图 2-29　微店客户管理界面

（6）收入管理

收入管理主要是对客户购买商品后现金的管理，包括未提现金额、已提现金额和收入流水等，如图 2-30 所示。

图 2-30 微店收入管理界面

2.4 有赞微店（企业、个人版）

有赞是帮助商企业和个人在微信上搭建微店的平台，尤其适合普通大众使用，不仅提供店铺、商品、订单、物流、消息和客户的管理模块，同时还提供丰富的营销应用和活动插件。2014 年年底，口袋通正式更名为有赞，并启用全新的域名 http：//youzan.com。

2.4.1 有赞微店的开通流程

有赞微店的开通非常简单，完全实现了一键式操作。

（1）登录并输入手机号

注册有赞微店只需两步，登录有赞微店首页，输入手机号，点击页面下方的“立即注册，免费开店”按钮，如图 2-31 所示。

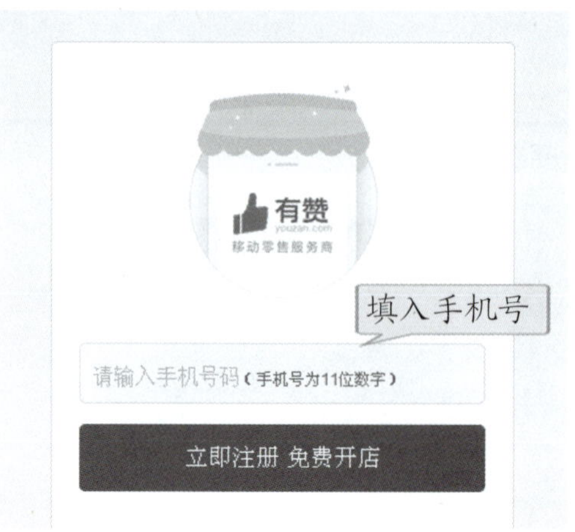

图 2-31　注册有赞微店界面

（2）接收验证码

收到系统发来的验证码信息，如图 2-32 所示。

图 2-32　收到验证码信息

（3）填写个人信息

开始填写个人信息，设置密码并填入验证码，如图 2-33 所示。

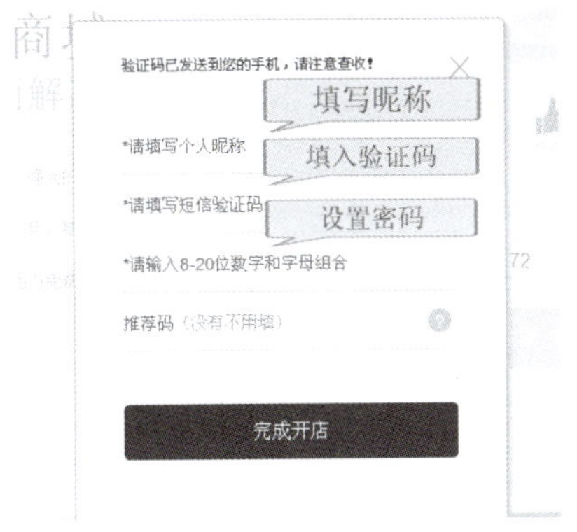

图 2-33　填写信息界面

（4）完成注册

完成后点击“确认注册”按钮，系统会自动返回登录界面，如图 2-34 所示。

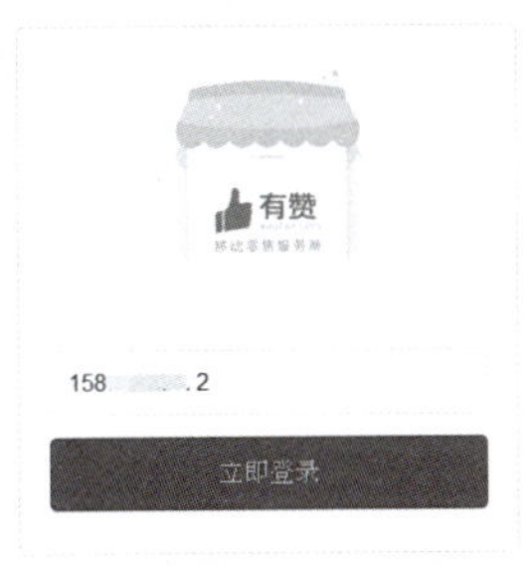

图 2-34　返回有赞登录界面

（5）创建店铺

创建店铺只需创建店铺→模板两步即可完成，如图 2-35 所示。

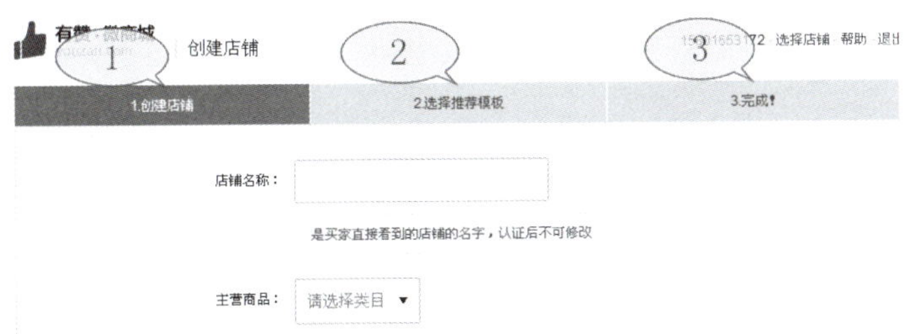

图 2-35　创建店铺界面

2.4.2 有赞微店与微信、微博

有赞微店提供的是底层整套的店铺系统，是基于某个平台而运行的。把微信、微博账号或其他平台账号绑定到有赞微店后，商家就可搬进这些平台，向粉丝进行产品宣传和推广，并与粉丝直接沟通；粉丝也可以通过微信直接进入店铺选购商品，如图 2-36 所示。

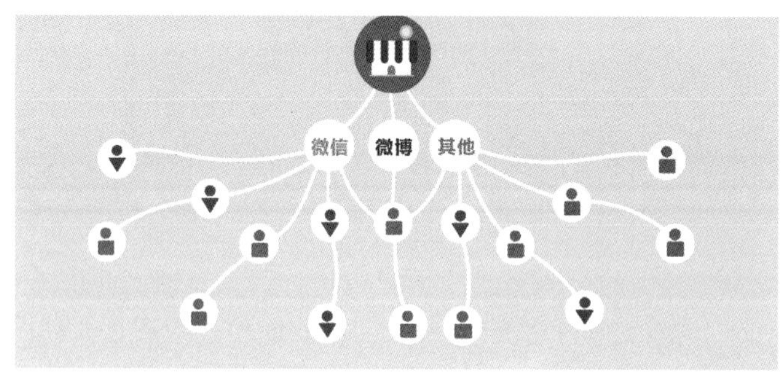

图 2-36 有赞微店可实现与其他渠道相连

有赞微店与微信相连后，使用手机微信扫一扫功能，扫描有赞店铺二维码，即可进入有赞店铺，如图 2-37 所示。

图 2-37 有赞微店的二维码

点击“分享”按钮，通过弹出的窗口分享到朋友圈，在分享时最好辅以必要的文字介绍，来描述待分享的商品，如图 2-38 所示。

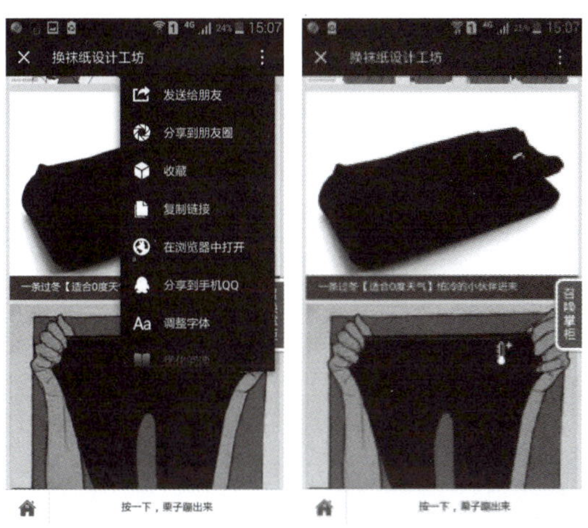

图 2-38　分享商品时的文字介绍

2.4.3 设置优惠活动

有赞微店为商家量身打造了一系列营销工具，如“扫码优惠价”“积分抵扣”“满减”“降价拍”“限时折扣”“分组群发”等活动，如图 2-39 所示。通过设置这些优惠活动，商家可以打造专属于自己的优惠体系，从而提高买家黏性与成交成功率。

图 2-39　有赞微店的优惠活动类型

那么，商家如何设置优惠活动呢？以优惠券为例，进入有赞微店后台，在“应用和营销”界面找到“优惠券”栏如图 2-40 所示。

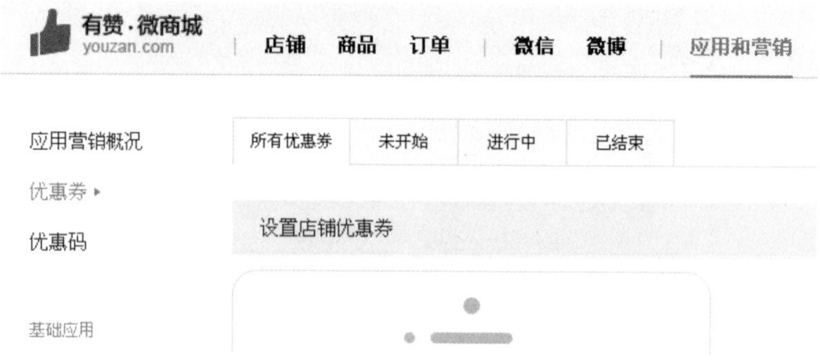

图 2-40　有赞商城的“应用和营销”界面

此外，还可以同样的方法设置赠品、满减 / 送、订单返现等多种优惠活动，如图 2-41 所示。

图 2-41　设置优惠活动界面

值得注意的是，在设置优惠券时还需要注意以下 4 个问题。

① 优惠券面值可以随机选择，如不选则默认为固定面值。

② 可以选择相应的会员等级领券，如不选，默认为所有粉丝可领取。

③ 可设置为满 ×× 元能使用，购物时必须满足条件；也可选择为不限制。

④ 选择后，仅在原价时可以使用；如不选，可以在折扣后使用。

2.4.4　有赞支付方式

有赞支持多种支付方式，且交易中不收任何费用，商家可根据用户的需求采取不同的方式。常见的有 3 种，如表 2-2 所列。

表 2-2　有赞支付方式

（1）微信支付
认证服务号可申请微信支付。当买家使用自有微信支付付款购买商品时，货款将直接进入微信支付对应的财付通账户。 无论店铺是否绑定了微信公众号，都可以通过口袋通代销商品，之后由口袋通结算货款（需用户发起提现申请），有赞不收取任何交易、提现手续费
（2）银行卡支付
包括信用卡支付和储蓄卡支付，启用银行卡支付，买家就可使用银行卡付款购买商品。货款将先进入有赞，卖家随时可申请提现
（3）货到付款
买家可选择货到付款下单，卖家需自行通过合作快递进行派送，然后通过快递公司向买家收款

商家设置支付功能可按照以下步骤进行。

第一步：进入店铺设置界面，点击右上方的“设置”按钮，选择下拉菜单中的“店铺设置”选项，如图 2-42 所示。

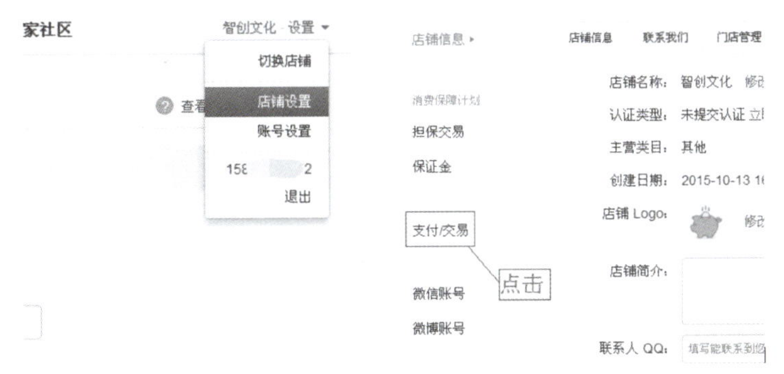

图 2-42　店铺设置界面　　图 2-43　设置支付 / 交易操作

第二步：在打开的页面中点击左侧的“支付 / 交易”超链接，如图 2-43 所示。

第三步：在打开的页面中找到支付方式，若欲启用就设置为“已启用”，届时该支付方式就完成了，如图 2-44 所示。

图 2-44 将支付方式设置为“已启用”

2.4.5 有赞分销平台

有赞分销平台在 2014 年 12 月正式上线，该平台致力于打造成一个商品快速销售和流通的平台，其入驻界面如图 2-45 所示。该平台主要帮助那些较大的商家增加更多的销售渠道，帮助中小卖家解决货源问题。

图 2-45 有赞分销平台界面

值得注意的是，商家在入驻有赞分销平台时需要满足以下五个条件。

① 已设置店铺主页。

② 店铺已有且至少有一笔交易。

③ 已设置提现账号并至少成功提现一笔。

④ 同意有赞的《供货商入驻管理办法》和《仲裁处理办法》。

⑤ 为保证分销平台供货商商品质量、服务质量，入驻前需缴纳保证金1000元整。

2.5 淘宝微店（个人版）

淘宝微店是在淘宝的基础上开发的一个微商平台，它使淘宝商家将货架搬到微信平台上，与微信充分结合起来，无疑为传统电商开拓了另一个渠道。

2.5.1 淘宝微店的优势

（1）店铺格局时尚简约

采用 HTML5、iOS7 设计风格的旺铺展示，让店家的商品犹如身处一家高端专卖店中；同时还提供店铺自定义设置，为商家布置自己的网店提供了多种方案。

（2）在商品管理方面简单易用

除了一键同步淘宝商品之外，微店还提供了强大的商品管理功能，有利于商家随时对商品进行分类、下架、置顶、热门等管理。

（3）轻松实现与用户的互动

可以通过编辑欢迎词和自定义回复，用自己独特的方式与用户开展有趣的互动，甚至还可以设计有趣的连续问答有奖活动。

（4）一键掌握所有的统计数据

微店提供详尽的粉丝数据和店铺流量数据查询，有利于商家掌握经营情况，可以数据的方式来提高自己，从而有机会发现真正的潜力或者问题。

2.5.2 微淘的申请

① 搜索淘宝微店首页(http://www.weidian.cc/),点击“立即免费注册”按钮,如图 2-46 所示。

图 2-46 淘宝微店首页界面

② 进入注册页面,填写电子邮件、淘宝店网址、设置密码等基本信息,点击“免费注册” 按钮，如图 2-47 所示。

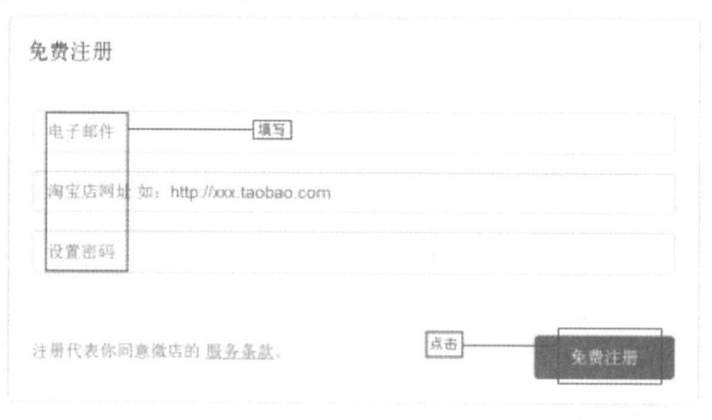

图 2-47 注册淘宝微店界面

③ 在手机中下载并安装微店 App，如图 2-48 和图 2-49 所示。

④ 安装完成之后点击打开微店，选择注册，同时填写自己的手机号码、设置密码以及相关注册信息进行实名认证，切记信息一定要真实有效，如图 2-50 所示。

图 2-48　手机下载淘宝微店界面

图 2-49　安装完成后淘宝微店显示界面

图 2-50　淘宝微店注册界面

⑤ 注册完毕后，重新进入网页版的“微店管理平台”页面，点击左侧的“商品管理”超链接。点击“同步商品”按钮，将淘宝店铺同步到微店中，如图 2-51 所示。

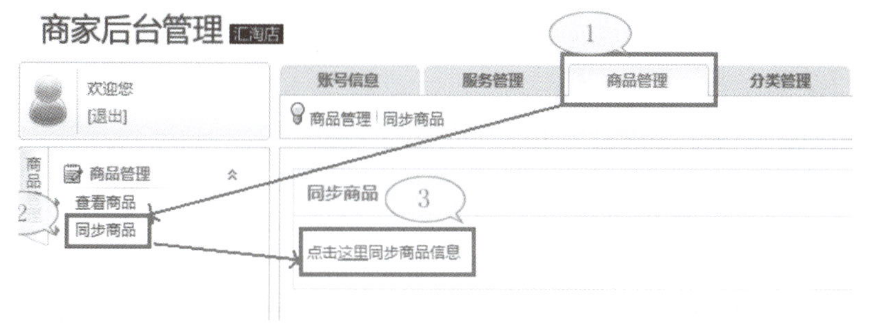

图 2-51　将淘宝商品同步到微店中

⑥ 完成上步操作后，商家就可以对微店进行必要的设置了，如管理、出售物品、自定义设置、收款等，具体步骤如图 2-52 所示。

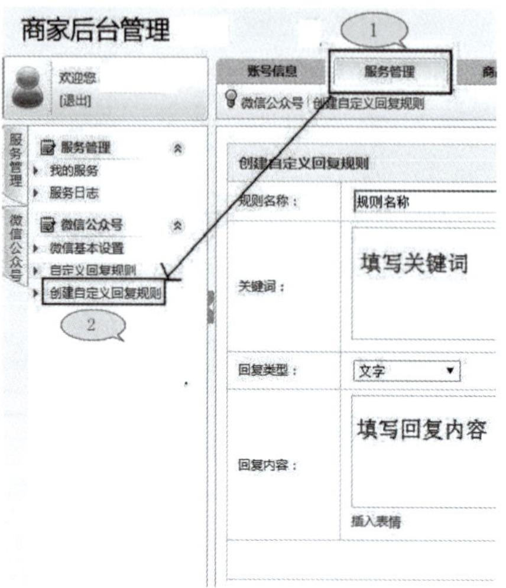

图 2-52　对微店自定义回复进行设置

2.6 微盟旺铺（企业版）

微盟旺铺是微盟（Weimob）平台推出的一款微信移动电商解决组件，是基于微信小店的第三方解决方案，更是国内最大的微信开发服务商。在“微商城”的基础上，经过大幅度优化和改进发展起来，被誉为微商城的升级版。

2.6.1 微盟的优势

微盟与微店有很多异曲同工之处，那为什么还要推出微盟呢？主要原因在于以下 4 个方面。

（1）管理更专业

微盟不做整合营销，只专注于为微信公众号提供服务，是一个第三方管理平台，微盟实现了一站式管理；拥有多年网络营销经验的管理团队，强大的技术支持，很好地弥补了微信公众平台本身功能不足、针对性不强、交互不便利的问题，为商家提供更为贴心且是核心需求的服务。

（2）操作简单

微盟的管理界面简单易用、操作方便，大量人性化设计，如一分钟开启微信营销、无须安装任何软件、全自动“云”平台、多账号管理等，只需要简单的设置即可完成复杂的微信营销推广。

（3）功能强大

微盟旺铺是微信店铺搭建系统之一，也是业界使用最多的微信移动电商 O2O 产品。通过微盟旺铺，商家可以进行店铺装修、商品管理、订单管理、运费模板、营销管理、支付管理及微信帮购等；同时，也可以实现在运营上的社会化客户关系管理、O2O 落地执行等需求。

微盟的特色是主打服务，即为商家微信公众号提供专业的营销、推广等服务。用户微盟平台使商家可以轻松管理自己微信上的各类信息，对微信公众号进行管理、维护。

（4）客户关系管理系统强大

微盟会员卡是业内公认最强大的社会化客户关系管理系统，拥有全能的会员管理、精准的会员营销、强大的积分策略、便捷的会员交易、智能的数据分析等模块，支持分组管理、高级个性群发、在线充值、线下会员导入、门店管理等重要功能。

微盟旺铺会员中心与微盟会员卡完全打通，微盟会员卡里面的积分、优惠券可直接在微盟旺铺里使用，支付时也可以使用会员卡余额支付。

2.6.2 微盟的申请

（1）免费注册

直接打开微盟旺铺首页（http：//www.weimob.com)，进入微盟官方网站，点击“免费注册”按钮即可进行在线注册，如图 2-53 所示。

（2）填写基本信息

填写用户名、密码、手机、邮箱、QQ 等，前期邀请码开放，后期功能稳定则需要邀请码进行注册，如图 2-54 所示。

图 2-53　微盟旺铺首页界面

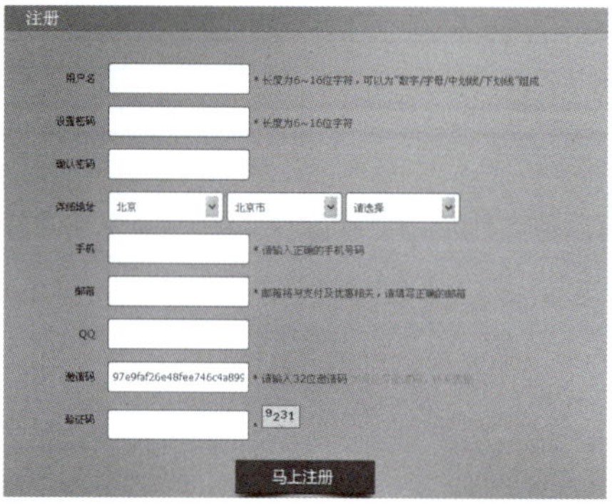

注册

用户名　* 长度为6~16位字符，可以为"数字/字母/中划线/下划线"组成

设置密码　* 长度为6~16位字符

确认密码

详细地址　北京　北京市　请选择

手机　* 请输入正确的手机号码

邮箱　* 邮箱将与支付及优惠相关，请填写正确的邮箱

QQ

邀请码　97e9faf26e48fee746c4a89S　* 请输入32位邀请码

验证码　9231

马上注册

图 2-54　微盟填写注册信息界面

（3）添加微信公众号

微盟平台对不同版本店铺公众号添加的数量做严格的限制，除至尊版可以同时添加 2 个公众号外，试用版、体验版、增强版、黄金版、行业版都只能添加一个。点击“添加公众号”按钮，进入添加公众号界面即可添加。如果有什么问题都可以随时咨询微助手，如图 2-55 所示。

添加公众帐号

公众号名称：*

公众号原始id：* 请认真填写，错了不能修改。比如：gh_423dwjkeww3

微信号：*

头像地址（url）：　选择封面

地区：　省　市

公众号邮箱：

粉丝数：

类型：　选择类型

图文页统计代码：

图 2-55　添加公众号信息界面

添加公众号注意事项：

① 公众号名称与微信公众平台公众号名称应保持一致。

② 微信公众号只能在 PC 端登录，不能在手机端登录。

③ 千万不能填错公众号原始 ID，公众平台进行通讯就靠它。

（4）查看账号信息

登录微信公众平台 http://mp.weixin.qq.com，点击“设置”查看账号信息，再点击“账号信息”查看原始 ID，如图 2-56 所示。

图 2-56　微信公众平台账号信息设置

（5）图文统计代码

这个功能是用来统计图文浏览相关数据的，目前是第三方统计平台，如百度统计、CNZZ。后期微盟会加入对图文的统计，如图 2-57 所示。

图 2-57　第三方统计平台界面

（6）点击保存

提示将接口地址和 TOKEN 绑定到腾讯公众平台，如图 2-58 所示。

图 2-58　接口地址和 TOKEN 绑定

绑定 URL 和 TOKEN 的步骤如下。

① 登录微信公众平台 mp.weixin.qq.com(注意需提前注册公众号)。

② 点击高级功能进入开发模式。（注：如果没有高级功能，说明注册的账号还在审核中，审核通过后会有高级功能）。

③ 开启开发模式（注：开启开发模式，编辑模式则不能用，即两者只能选其一），如图 2-59 所示。

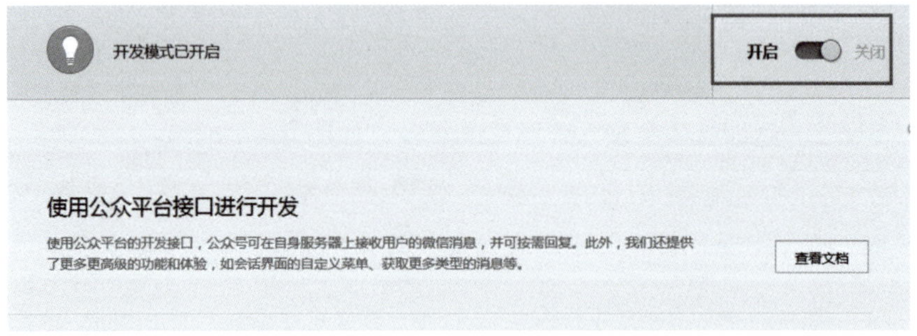

图 2-59　微信公众平台的开发模式开启界面

④ 填写接口 URL 和对应 TOKEN，点击提交。如果提示提交成功，说明公众号绑定成功；如果出现服务器无法正确响应 TOKEN 验证，说明 URL 或者 TOKEN 有问题，请仔细检查。一旦遇到问题可以随时咨询微盟客服，如图 2-60 所示。

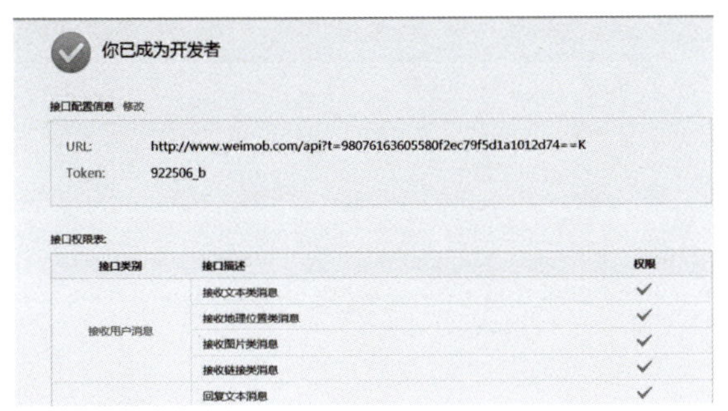

图 2-60　微信公众平台接口开启界面

在公众号绑定完 URL 和 TOKEN 之后，整个操作完毕，效果如图 2-61 所示。

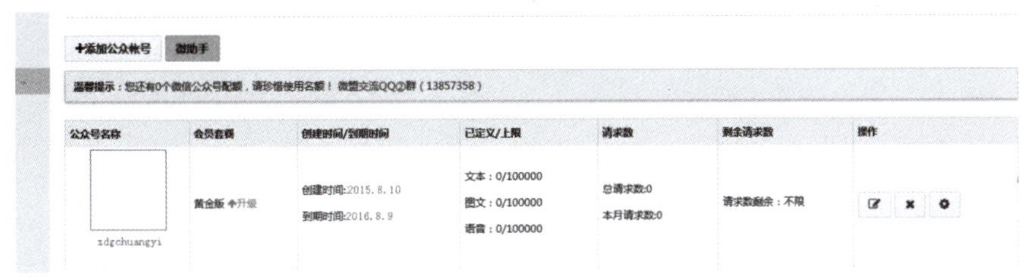

图 2-61　绑定完成后的效果图

2.6.3 微盟旺铺

微盟旺铺是微盟的一个新功能，有着全新设计、全新风格、全新体验！微盟旺铺拥有更个性的店铺装修、更强大的 SCRM 系统、更完善的基础交易系统、更丰富的微信游戏互动、更良好的营销插件、更便捷的订单处理、更全的支付体验！

(1) 店铺管理

商家可在旺铺后台新建页面并进行管理，可设置为店铺首页，也可设置为辅助页面；同时，还可以对页面进行信息编辑、页面删除、页面预览、页面装饰、设为首页等基本操作。

① 新建页面。填写页面名称及描述（选填），这部分内容是信息分享到手机端后供用户浏览、分享时展现的。商家可以根据页面内容及推广需求来自定义填写，如图 2-62 所示。

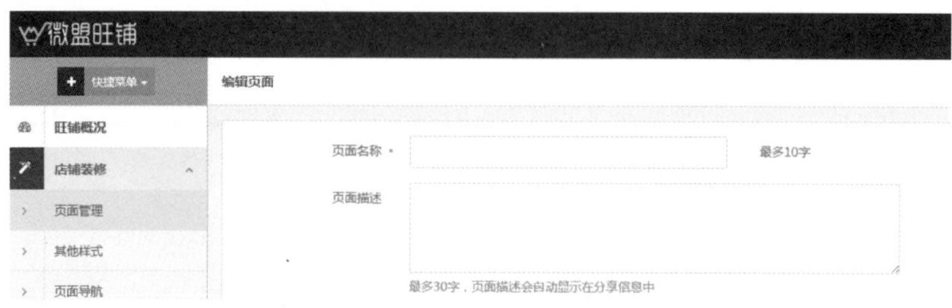

图 2-62　微盟旺铺新建页面示意图

新建页面后需要选择模板，系统提供了十余套模板供商家选择，选择推荐的模板后，系统则会自动将推荐模板添加到预览区，如图 2-63 所示。

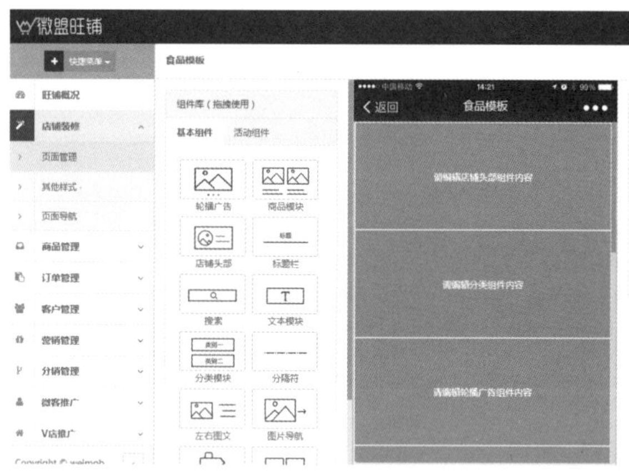

图 2-63　微盟旺铺页面模板示意图

默认模板为空白，可对其进行自定义设置，将“组件库”中的组件拖曳至预览区，如图 2-64 所示。

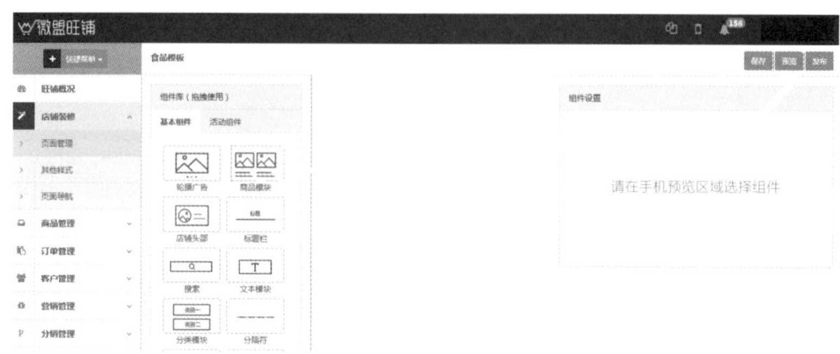

图 2-64　选定待用模板提交

确定组件后通过“组件设置”来编辑模板的样式，提交前可预览页面效果。若不满意也可通过组件右上角的“删除”按钮进行删除；若满意则点击“下一步”按钮，如图 2-65 所示。

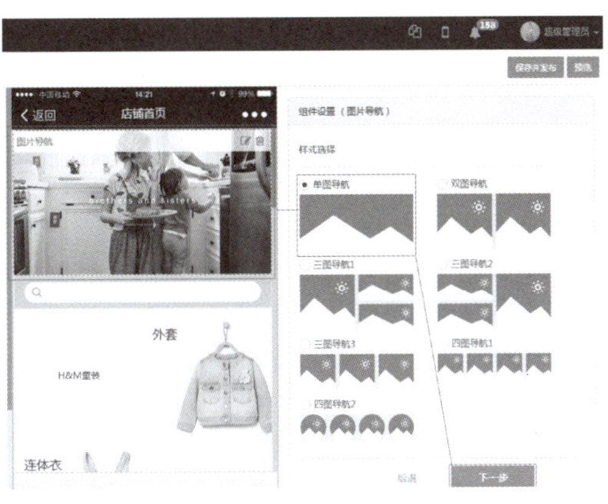

图 2-65　对模板组件进行编辑

页面组件编辑完成后，点击页面保存或者直接发布进行保存。保存前可点击预览按钮进行预览，也可通过扫描弹出的二维码或者复制链接到浏览器进行预览，如图 2-66 所示。

图 2-66　微盟页面提供的二维码功能

保存和发布页面后，若不满意可对其进行修改。修改需进入页面编辑界面，如图 2-67 所示。页面分为发布中、已下线、未发布三种状态，商家可根据需求进行编辑、调整和删除操作。

图 2-67　对保存页面进行修改

②选择页面的模板。页面的模板通常有 3 种，即分类模板、列表模板和详情模板，三种形式适用于不同情景。

分类模板：样式较为简单，一般为单图与双图浏览，适用于分类名称字数较多时，如图 2-68 所示。

图 2-68　分类模板选项

列表模板：列表模板通常为瀑布流列表样式，适用于分类名称字数较少时，如图 2-69 所示。

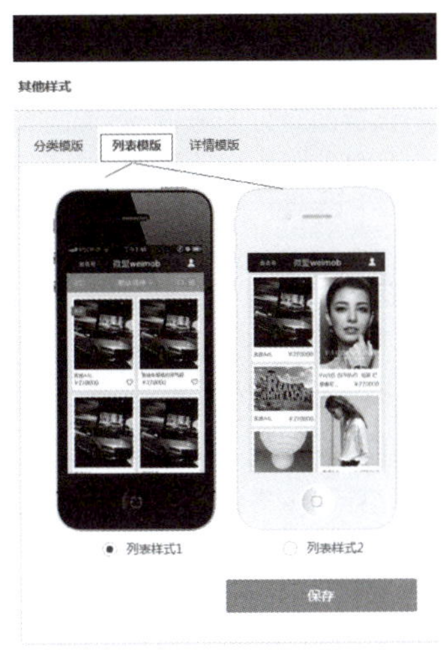

图 2-69　列表模板选项

详情模板：详情模板由于能够展示商品参数及评价、商品规格（采用底部弹出的方式）等消息，适用于二级分类数量较少时，用户体验要比前两种模式好很多，建议商家多采用，如图 2-70 所示。

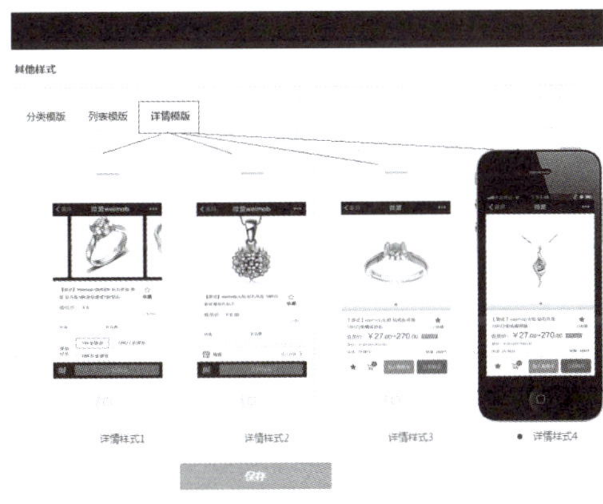

图 2-70　详情模板选项

（2）页面导航

① 页面导航的类型。为满足商家不同的需求，在新建或者编辑页面时，商家还可以创建页面导航。系统提供了 4 种不同样式的导航类型，分别为微信公众号自定义菜单导航、App 菜单式导航、展开形式导航、折叠导航，如表 2-3 所示。

表 2-3　4 种不同样式的页面导航及设置规则

微信公众号自定义菜单导航	该导航是分为两级，一级导航如果设置了二级导航，则一级导航的链接自动失效。一级导航最多 3 个，二级导航最多 5 个，适合导航数量较多的店铺使用
App 菜单式导航	该导航最多可以添加 5 个，类似使用 App 时页面底部的固定导航，适合很多导航的页面使用。导航 icon 和文字颜色可以由商家指定
展开形式导航	该导航是悬浮样式的，为了美观，最少保留 1 个，最多可以添加 4 个。点击悬浮按钮会遮罩整个屏幕展开导航，点击非导航区域可以自动关闭该导航，适合导航个数不多的页面使用
折叠导航	该导航也是悬浮导航，最多可以添加 5 个。点击悬浮按钮直接弹出菜单，点击非导航区域可以自动关闭该导航，适合导航个数不多的页面使用

4 种样式各有所长，其中微信公众号自定义菜单导航和 App 菜单式导航固定置于底部，展开形式导航和折叠导航悬浮在左侧。商家可根据产品需求进行选择，也可配合不同模式使用，以更好地满足粉丝的多样化需求。

② 新建页面导航。在店铺装修一栏中，可以看到新建页面导航工具栏。点击可看到上述 4 种不同的导航模式，如图 2-71 所示。

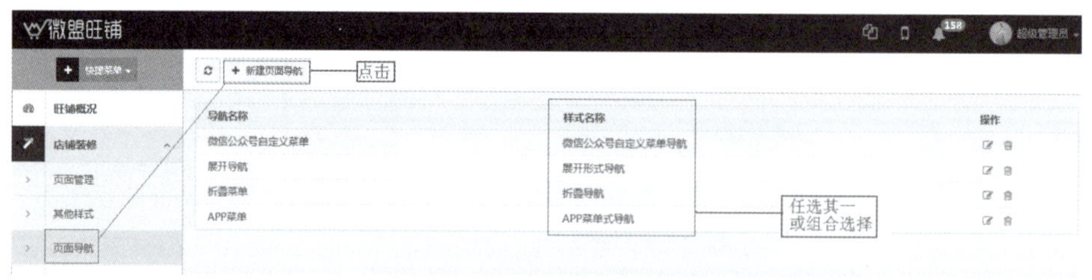

图 2-71　新建页面导航界面

③ 填写导航名称。填写导航内容，指定导航跳转链接（必填）。以微信公众号自定义菜单导航为例，填写三个一级导航，点击“添加一级导航”即可。若有二级导航则在对应的一级导航下逐个添加，添加后原来设置过的一级导航链会自动失效，如图 2-72 所示。

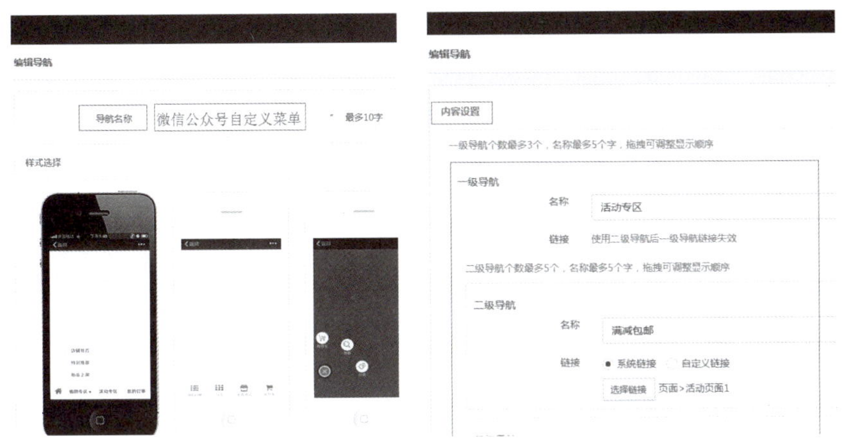

图 2-72　页面添加导航示意图

填写完毕后点击“确认”保存，保存后的页面导航仍可以编辑、删除。需注意的是删除页面导航时，已使用导航的页面将自动变为不使用导航。

2.6.4 商品管理

（1）添加商品

为便于查询，添加商品时最好以一定的分类进行，如商品名称 / 编号等，如图 2-73 所示。选择商品类目，完成后点击“确定”按钮。

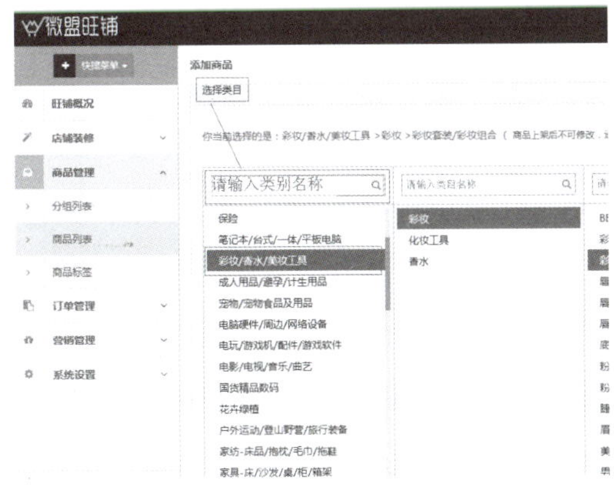

图 2-73　添加商品界面

填写商品的基本信息、物流信息、图片信息以及其他信息，如图 2-74 所示。

可添加多张图片（不超过 10 张），直接拖曳就能调整显示顺序（支持大图预览，建议上传高清图片）。

图 2-74　商品信息填写界面

点击“保存”按钮，就完成了对商品的添加，完成后的效果如图 2-75 所示。同时，也可对商品进行编辑和下架处理。

图 2-75　商品信息修改和下架处理界面

（2）给商品标注标签

为便于宣传和推广，有必要给每个商品贴上相应的标签以示区别，如“热销”“新品”“New”等。给商品标注标签时，可按图 2-76 所示界面操作。

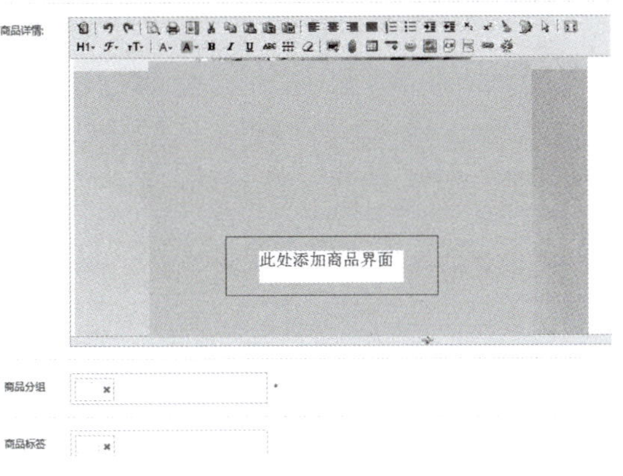

图 2-76　商品标签标注界面

（3）分组列表

顾名思义是对商品进行分组管理，分组方法为选择某个分组后，直接将图拖曳到相应位置即可。商品只能添加到二级分组下，如图 2-77 所示。

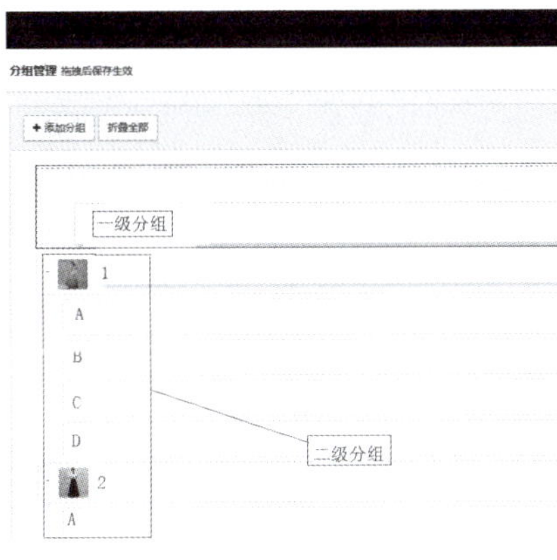

图 2-77　对商品进行分组

（4）系统链接

系统链接分为功能链接、分类链接、商品链接、页面链接。功能链接是旺铺通用功能的链接，包含首页、用户中心、全部商品等；分类链接是某一分类的商品列表链接，包括一级分类和二级分类；商品链接是商品详情页的链接，包括全部的商品；页面链接为页面管理中发布状态下的所有页面链接，如图 2-78 所示。

图 2-78　系统链接界面

2.6.5 订单管理

（1）查看订单状态

用户购买商品所产生的所有订单都会在订单管理平台上显示，如图 2-79 所示。商家通过这个平台查看订单的状态，如待付款、已付款、已发货等。

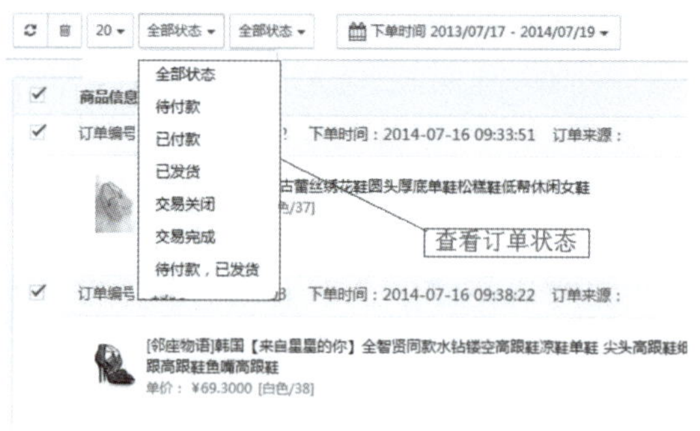

图 2-79　订单管理界面

（2）修改商品价格

商家可在价格修改界面对价格进行修改，如图 2-80 所示。

（3）查看订单详情

另外，还可查看订单详情，如编号、商品名称等，如图 2-81 所示。

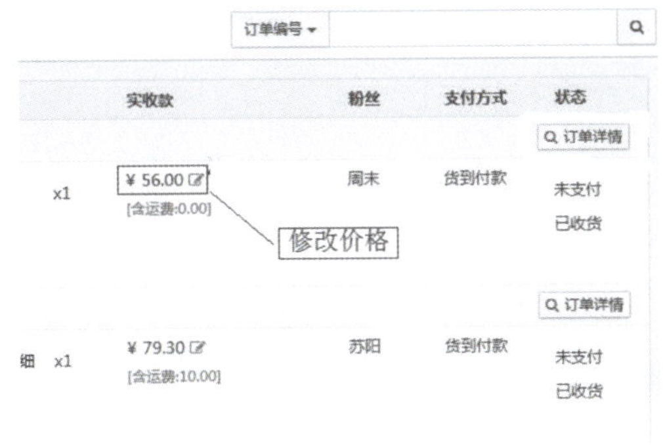

图 2-80 商品价格修改界面

图 2-81 查看订单详情界面

(4) 发货管理

可进行已发货信息的查看，以及对未发货订单的改价、发货或者关闭交易等操作，如图 2-82 所示。

图 2-82 发货管理界面

2.6.6 营销管理

（1）方式一：优惠券

优惠是促进营销的主要手段之一，商家在推广商品时可设置必要的优惠，如打折、赠送、发放奖品等。

具体操作需要进入“营销管理”下的“会员营销”一览，进入后可看到两种主要的优惠方式：优惠券和会员积分。商家可在平台上自行设置具体的积分原则、抵现金额等，两种形式可单个使用，也可累加使用，如图 2-83 所示。

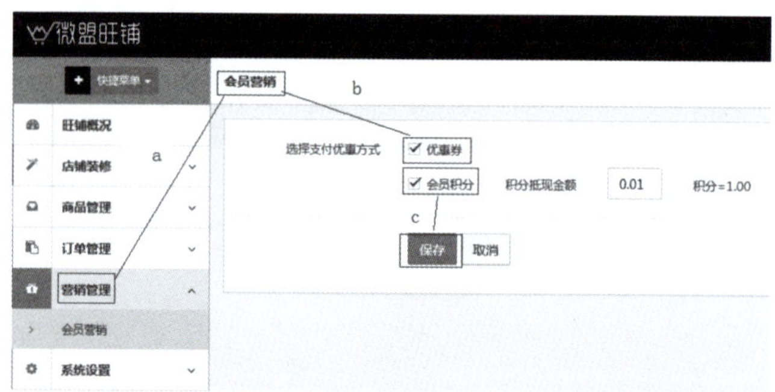

图 2-83 营销管理界面

（2）方式二：心愿众筹

心愿众筹是通过众筹的方式，将商品分享至朋友圈或直接发送给好友，找好友筹钱，最后完成购买。这一推广方式利用朋友圈互动性强和传播速度快等优势，集购物、娱乐于一体，为移动电商带来全新体验，如图 2-84 和图 2-85 所示。

图 2-84 朋友圈中发起的心愿单

图 2-85 查看我的心愿单

商家发起心愿单的步骤如下。

第一步：在旺铺后台的“会员营销”里选择“开启众筹模式”，如图 2-86 所示。

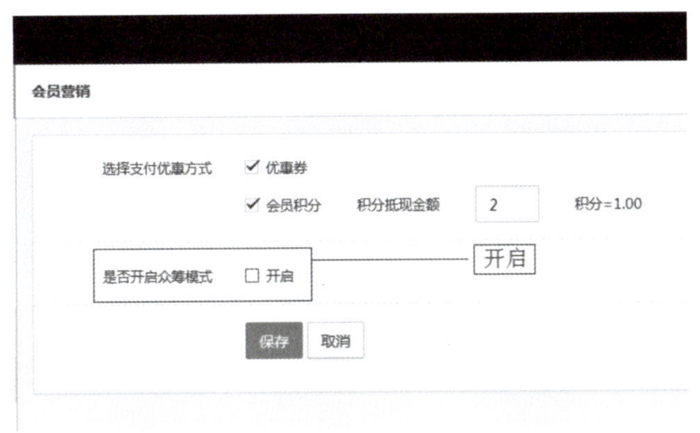

图 2-86　微盟的众筹营销模式

第二步：“是否优先显示”决定着下单页“找人买单”的显示位置。前面有可选项如果勾选，“找人买单”按钮会显示在“立即支付”按钮之前；如果不勾选，“立即支付”按钮则会显示在“找人买单”按钮之前，如图 2-87 所示。

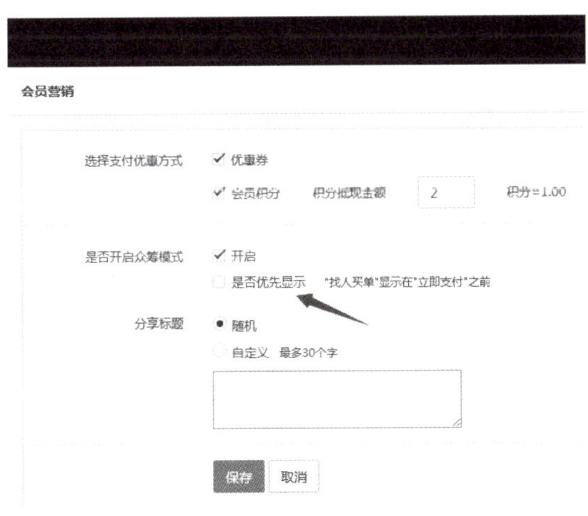

图 2-87　“找人买单”“立即支付”按钮设置示意图

第三步：选择分享标题是否自定义。如选择“随机”，下图黑色框框里面的分享标题、内容由系统随机生成；如选择“自定义”，商家可自定义填写想要出现在下面黑色框框中的标题文案，如图 2-88 所示。

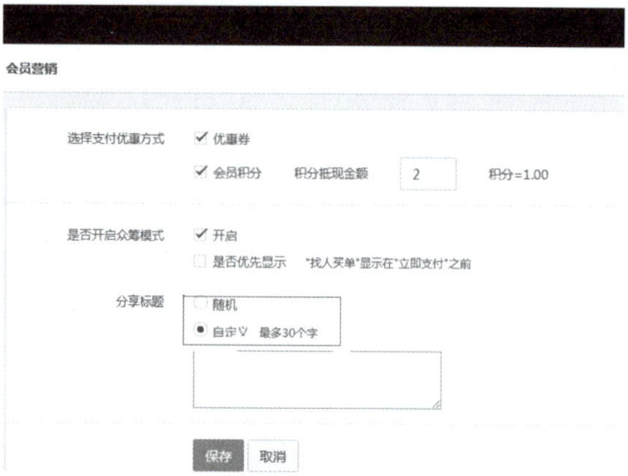

图 2-88　标题分享自定义按钮设置示意图

(3) 满减 / 包邮

为满足商家的活动促销需求，旺铺推出了满减 / 包邮活动设置功能。即当用户购买金额或购买数量达到一定数额时，可享受减免部分支付金额或打折或免邮费的优惠。这一切，都可通过后台设置实现。

具体操作为进入“营销管理”下的“活动营销”，点击“创建新活动”按钮进入编辑页面。

第一步：设置活动信息

可设置如活动名称、活动时间、价格标签、活动标签等信息。若想创建全场活动，可直接勾选下方的“全场参加”复选框，这样所有在活动创建后新增的商品也会参加该活动，如图 2-89 所示。

图 2-89　优惠活动信息设置界面

第二步：选择活动商品

全场参加的活动会直接跳过此页。下架中商品也可以预先设置在活动中，待商品上架后，会自动参与到活动中。商品展示区可以直观地看到商品当前正在进行中的活动（红色活动标签）、库存、价格等信息，有助于活动的筹划，如图 2-90 所示。

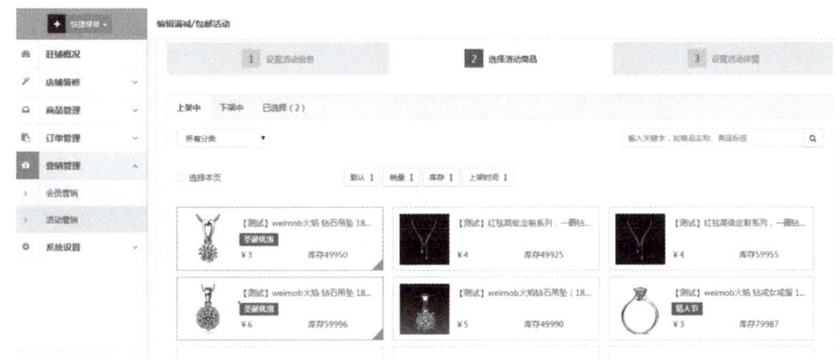

图 2-90　优惠活动商品选择设置界面

第三步：设置活动详情

主要包括活动条件（满 ×× 元或满 ×× 件）和活动内容（折扣或减免和包邮）两部分。

活动条件只能选择一种，活动内容中的折扣和减免也只能选择其一，但可设置多个优惠层级，最多 5 个。详见页面右上角的活动规则说明及示例，如图 2-91 所示。

图 2-91　优惠活动详情设置界面

第四步：设置活动时间和状态

活动需要手动修改，活动通常有三个：未开始、进行中、已结束。未开始的活动可以：快速添加商品、修改活动信息、删除；进行中的活动可以：快速添加商品、修改活动信息、结束活动；已结束的活动可以：重启、删除，如图 2–92 所示。

	编辑	结束	删除	管理商品	投放活动	活动效果
未开始	√		√	√	√	
进行中	√	√		√	√	√
已结束			√			√

图 2–92　优惠活动时间和状态设置界面

（4）营销优惠活动如何显示在首页。

进入“店铺装修”>“首页装饰”>“商品模块”，选择“活动商品”分类，并挑选将在首页展示的商品所在活动名称，如图 2–93 所示。

图 2–93　优惠活动是否在首页显示设置示意图

特别提醒：旺铺当前下单结算时不支持对优惠券和活动优惠的使用做设置，结算时如商品同时满足活动优惠，又可使用优惠券，那么消费者将享受活动及优惠券的全部优惠。

2.6.7 系统设置

（1）基本信息

基本信息包括设置微店名称、LOGO、版权、币种、电话、地址、简介等信息。具体操作，需要进入“系统设置”下的“基本信息”一览，如图 2-94 所示。

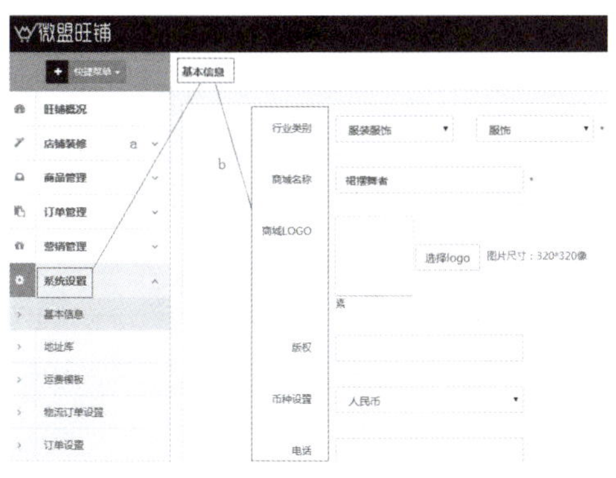

图 2-94　系统设置基本信息填写界面

（2）地址库

点击“新增地址库”按钮可添加多个地址，但只能对一个发货地址和一个退货地址进行设置，如图 2-95 所示。

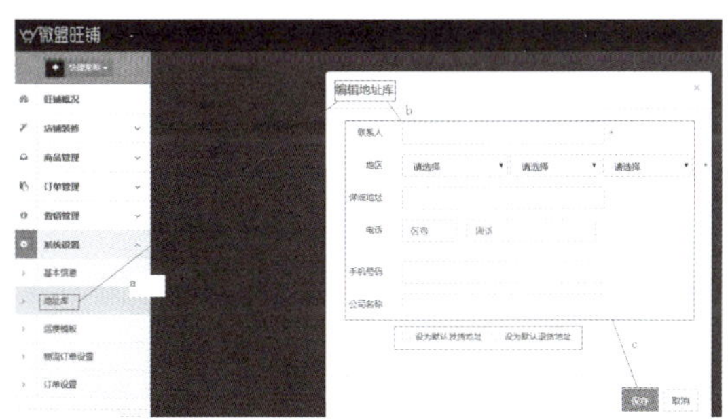

图 2-95　编辑地址库界面

（3）运费模板

运费模板主要对运费相关信息进行设置，如计价方式、运送方式、指定配送区域等。具体操作方式是点击“新增运费模板”，编辑模板名称，选择地址库中的地址，设置计价方式、运送方式及运费等，如图 2-96 所示。

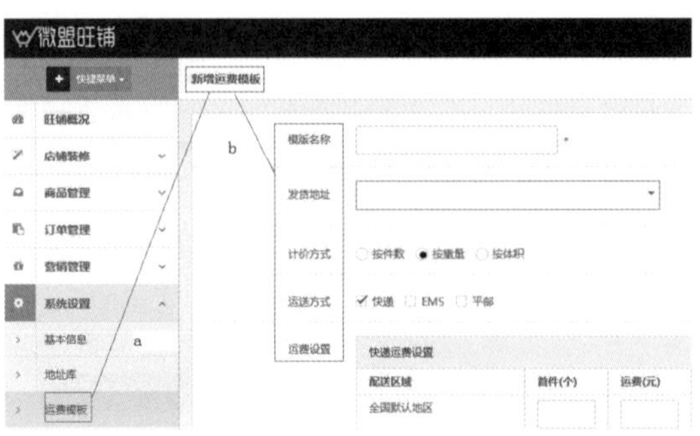

图 2-96　运费模板设置界面

商家也可以利用设置指定区域运费功能，来对某一特定地区的运费进行特别设置，如对江浙沪地区设为免费包邮，如图 2-97 所示。

图 2-97　特定地区运费选择界面

（4）物流订单设置

包括添加运单模板和设置默认运单模板。具体操作方式为点击“物流订单设置”，再点击“新增运单模板”按钮，设置快递公司等信息，如图 2-98 所示。

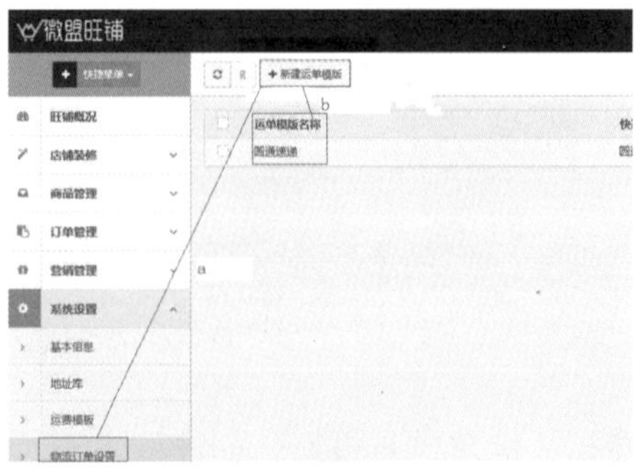

图 2-98　设置“新增运单模板”界面

选择系统模板，订单编号、发件人信息等需要体现在运单上的打印项（可拖曳调整位置，还可通过具体的高度、宽度、偏移量等参数进行设置），如图 2-99 所示。

图 2-99　选择系统模板界面

2.6.8 客户管理

（1）查看客户列表

在旺铺后台选择“客户管理”选项，可查看所有客户信息列表。可以按照身份和来源进行筛选，也可以输入微信名进行搜索，还可以按成交订单数、成交额和下线数进行排序。点击“导出列表”按钮还可以导出客户列表，如图 2-100 所示。

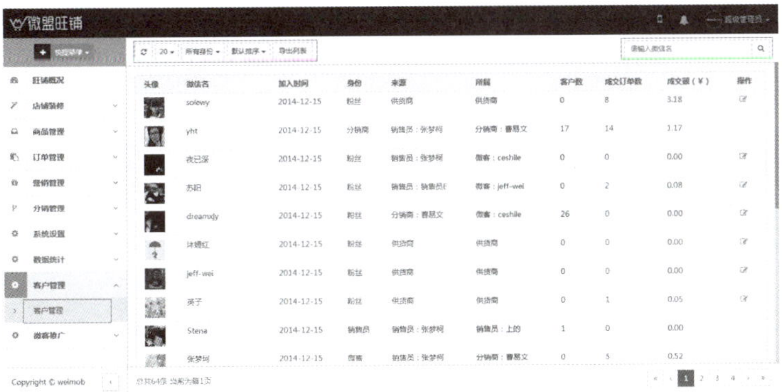

图 2-100　客户管理界面

（2）编辑客户资料

点击客户列表最后一列中的“编辑”按钮，可以编辑客户的信息，为客户指定不同的身份。其中，指定分销商身份时还需要进一步选择指定为哪一个分销商。（注：

只有关注过公众号的粉丝才可以指定身份，未关注的则不可以），如图 2-101 所示。

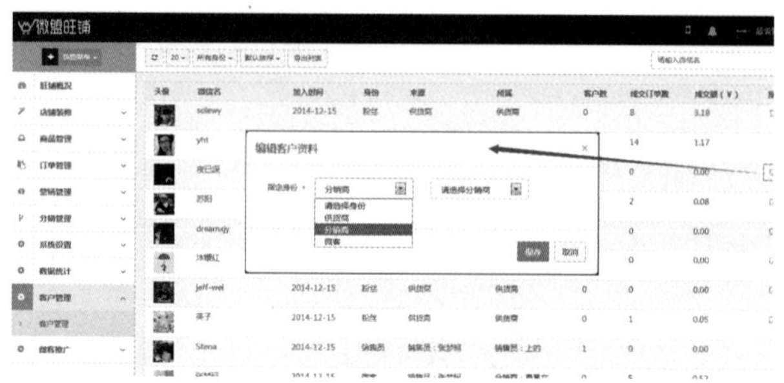

图 2-101 客户资料编辑界面

2.6.9 维权

（1）申请维权

用户在手机端的订单详情页可针对订单中的商品分别申请维权（订单状态为“已支付，待发货”，“已发货，待收货”和“交易完成”时可申请维权）。申请维权时需选择维权类型，填写退款金额和维权说明，提交申请后即可成功申请维权，如图 2-102 和图 2-103 所示。

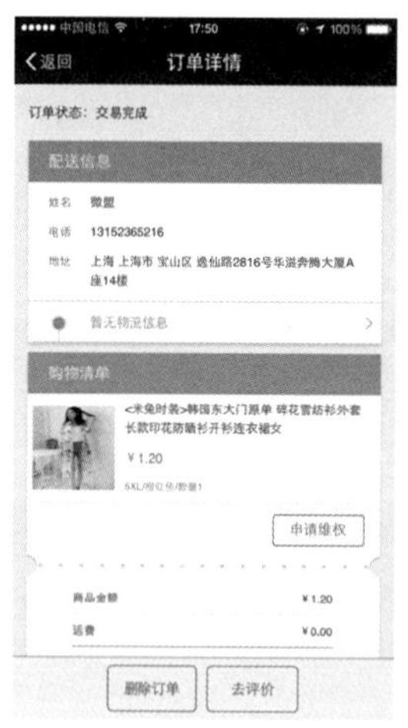

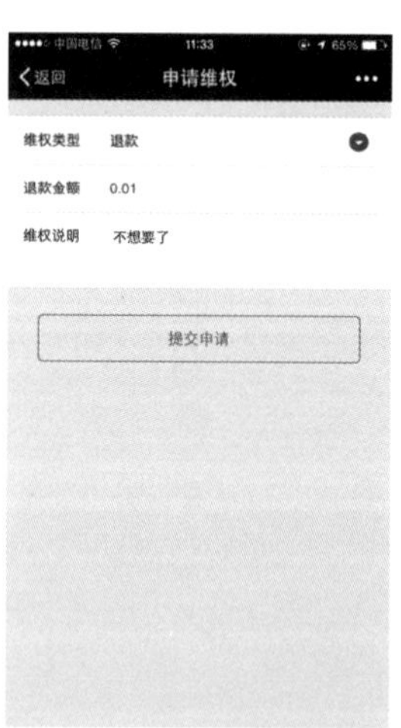

图 2-102 申请维权信息填写界面　图 2-103 申请维权信息提交界面

（2）处理维权

商家可在旺铺后台的维权管理中查看和处理买家申请的维权单，如买家申请维权时所填写的相关信息、具体的退款原因、退货的物流进度等，以及对维权单进行相关操作，如图 2-104 所示。

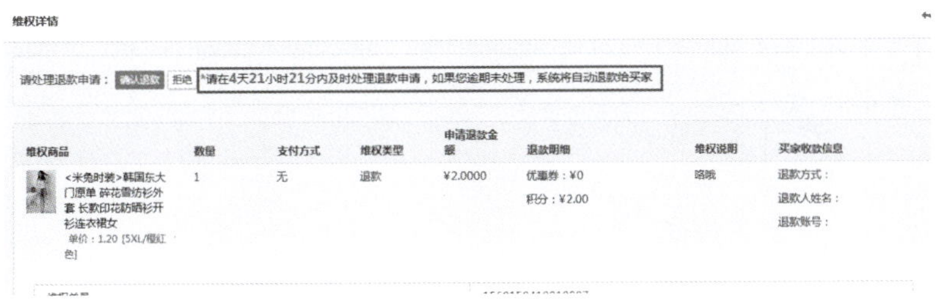

图 2-104　处理维权界面

（3）退款规则说明

未发货状态下，订单关闭或申请全额退款成功时，订单中使用的优惠券会退还给用户；发货后，订单中使用的优惠券不做处理。

下单时使用的各项优惠会均摊至各个商品，每个商品可申请的最大金额为均摊至此商品的现金、积分及红包的总和，实际退款时会按照买家申请的退款金额按比例计算退给买家。

不同支付方式的处理情形如下：

①使用微盟支付的订单，在商家确认退款后，需待微盟公司处理完成后维权单的维权状态才会翻转。

②使用非微盟支付的订单，维权时采用线下退款的方式，商家确认退款前需将款项手动转账给买家，如图 2-105 所示。

图 2-105　非微盟支付退款操作界面

(4) 维权自动操作系统

若商家在一定时间内对退货单不做处理，系统则会自动同意买家的维权申请。

①买家要求退款的，自动处理期为 5 天。期间商家不做处理的，系统则会自动同意买家的退款申请。

②买家要求退款退货的，自动处理时间分别为 5 天和 7 天。买家申请退款退货后，商家 5 天或 7 天内都不做处理的，系统则会自动同意买家的退款退货申请。

③同时，商家同意买家的退款退货申请后，买家在 5 天或 7 天内不做退货处理的，退款退货申请将自动取消。

2.6.10 角色管理

(1) 添加角色

在“添加角色”页面输入角色名，勾选其具备的相应权限，即可为相应的角色设置权限；同时商家可在“角色设置”下的“查看页面”或“操作页面”中任选其一，具体操作步骤如图 2-106 所示。

图 2-106 添加角色界面具体操作步骤

查看页面和操作界面的权限如下：

① 设置为查看页面时：该角色仅能查看页面的内容，页面上的操作按钮将会针对该角色隐藏。

② 设置为操作页面时：除拥有上述权限外，还可同时查看页面的内容以及对页面进行相应的操作。

③ 两者都不选时：角色拥有该页面的权限时，可同时查看页面的内容以及对页面进行相应的操作。

（2）账户管理

商家须先在微盟后台添加具备旺铺权限的子账户，此类子账户会出现在旺铺后台的账户管理列表中，担任旺铺超级管理员角色。商家可在该列表为子账户指定拥有相应的角色，并对子账户进行删除、禁用、启用等操作，如图 2-107 所示。

图 2-107　账号管理界面

（3）角色管理

新添加的角色会出现在角色管理列表中，商家在该页面可以进行添加新角色、编辑或删除已有角色等操作，具体操作步骤如图 2-108 所示。

图 2-108　角色管理界面具体操作步骤

（4）操作日志

微盟主账号及具备旺铺权限的子账号在旺铺后台进行的操作会被记录到操作日志中，包括操作对象及操作内容。商家可通过按模块查找或按操作人员姓名搜索的方式查看对应人员的操作日志，如图 2-109 所示。

操作工号	操作人员	操作时间	操作模块	操作内容
weimob-test003		2015/7/8 12:03:45	商品模块	修改价格和库存--商品名称"砍砍砍"
weimob-test003		2015/7/8 12:03:23	订单模块	修改订单设置
weimob-test003		2015/7/8 12:03:18	订单模块	删除评论-订单编号 "155015051995346"
weimob-test003		2015/7/8 12:03:12	订单模块	发货-订单编号 "155015070839826"
weimob-test003		2015/7/8 7:38:06	物流模块	删除运单模板-模板名称"全峰快递"
zhuyl@4464		2015/7/7 21:50:58	物流模块	删除运单模板-模板名称"全峰快递"

图 2-109　查看操作日志界面

2.7 主打个人品牌的平台

综观上述六大平台，主要是大家常用主流平台，这无形中就忽略了一些中小平台，使微商无法享受到全面、丰厚的服务和优惠。目前市场上也出现了不少针对个人商家，具有特色的微平台，如微品会、喵喵微店等。

2.7.1 中兴微品会

这是一款基于手机终端的电子商务交易平台，由深圳微品致远信息科技有限公司开发并运营（中兴通讯股份有限公司子公司），其在业内首创 B2C2C 模式，将“品牌企业—线上店家—消费者”这三个角色有机统一起来，如图 2-110 所示。

图 2-110　中兴微品会微店界面

中兴微品是中兴手机的一个销售平台，商家以加盟的形式入驻，通过中兴微品会出售中兴通讯的产品。商家可以把中兴通讯的产品全部或有选择性地添加到自己的微店，发货、售后等由中兴通讯负责。每卖出一件产品，商家就可以获得 5%～10%的佣金。

这个模式对个人商家而言非常实用，无门槛，费用低，不仅省去了进货、发货、售后等麻烦，也节省了渠道费用。

（1）中兴微品会微店的优势

① 零风险、零成本，注册微店即可卖东西。商家实际上相当于中兴通讯的“推销员”。对方提供货源、物流配送和售后，商家只需利用自己的渠道进行推销。

② 丰厚的返利。商家是以分层的形式获利，每卖出一件商品就可获得一定的返利；同时，自己既是卖家又是买家，购买时可享受最优惠的价格。

③ 价格优势。店铺商品的价格与外部官方渠道的价格持平或略低，也可以采用自己的让利方式，从而全方位确保商品在价格上的优势。

④ 货源有保证，注册商家有权优先得到平台推送的最新消息，包括新产品上架以及各类优惠信息等。

（2）中兴微品会微店申请流程

① 开通微品会微店非常简单，只需几个步骤即可，先在手机上下载“中兴微品”App 软件并安装，如图 2-111 所示。

② 打开 App 点击注册，输入手机号、密码和验证码，点击“直接开店”按钮，如图 2-112 所示。

图 2-111　下载中兴微品 APP

图 2-112　注册中兴微品会界面

③ 进入微品会首页，点击下方的“店铺”按钮，进入店铺页面；然后点击左上角的添加商品“+”按钮，如图 2-113 和图 2-114 所示。

图 2-113　微品会店铺首页界面

图 2-114　微品会商品添加界面

④ 进入商品添加页面，点击商品右侧的“+”按钮，或点击“一键添加”按钮，将商品一次性全部上架，如图 2-115 所示。或根据不同标准，如销量、分红、价格、库存等对商品进行排序，以便做出更有针对性的推销，如图 2-116 所示。如需要将商品下架，点击删除即可。

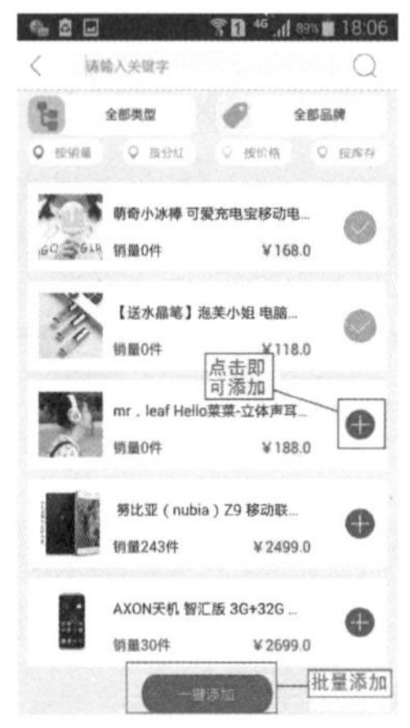

图 2-115　店铺一键添加界面

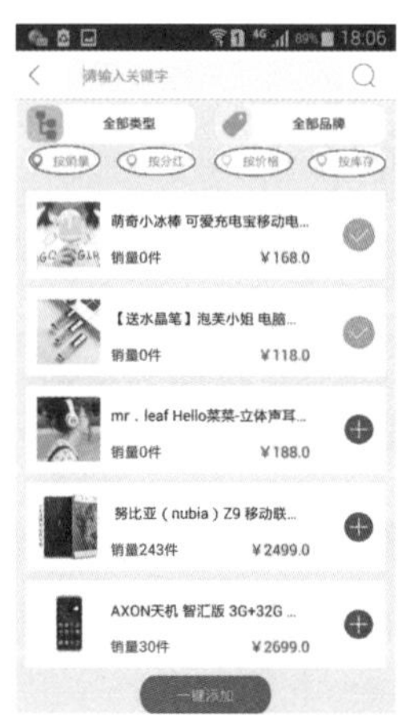

图 2-116　店铺分类添加界面

⑤ 点击该商品可查看商品的详情，并可通过“推荐商品”按钮向好友推荐，如图 2-117 所示。推荐时可对商品进行二次调价，调价后点击“发给好友”按钮即可发送，如图 2-118 所示。

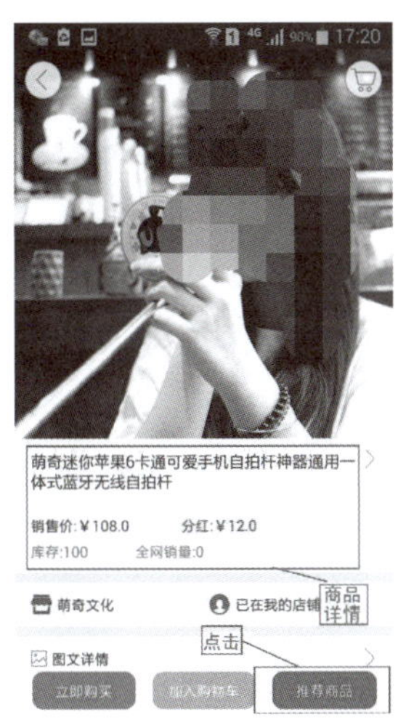

图 2-117　店铺好友推荐界面

图 2-118　推荐前的调价操作

⑥ 返回首页，点击下方的“钱包”按钮查看当月收入，如图 2-119 所示。点击“我的”按钮进入后台，可以查看订单、银行卡、销售统计、客户管理的信息，如图 2-120 所示。

图 2-119　店铺查看收入界面

图 2-120　店铺查看订单界面

2.7.2　金元宝微店

这是一款服务于微信商家客户的微信开店平台，如图 2-121 所示。金元宝微店服务于淘宝卖家、熟人交易、代购等或商铺，可帮助卖家在手机上更方便地管理店铺，宣传、销售商品。

图 2-121　金元宝微店首页界面

（1）金元宝微店的优势

① 一键式搬家。金元宝微店可以自动将淘宝网上的信息搬到金元宝平台上，以实现商品的迅速迁移。

② 更容易分享到微信朋友圈。金元宝微店可将商品信息分享到微信朋友圈，避免了扫二维码带来的风险，从而实现信息的便捷传播，提高推广效率。直接进入订单页面，让客户能及时了解产品，形成潜在订单。

③ 功能齐全。金元宝微店支持商品管理、商城装修、订单管理、营销管理、销售和流量统计，以及收入明细与提现等功能。

④ 安全支付。金元宝微店以金元宝作为担保平台，来达到安全交易的目的。它支持信用卡、储蓄卡、支付宝等多种方式付款，免去了申请支付宝认证等困扰，更快捷、更安全。

（2）金元宝微店申请流程

① 下载金元宝微店客户端。搜索“金元宝微店”，在首页上找到二维码，用手机扫描即可下载，或者直接在手机软件里下载，如图 2-122 所示。

② 填入手机号，获取验证码，注册账号，登录金元宝微店客户端，如图 2-123 所示。

③ 创建自己的店铺，填入店铺名称、店主微信号，同时设置好运费、支付方式，并绑定银行卡，如图 2-124 所示。

④ 可以快速上传商品至金元宝客户端，非常方便，这样微信上的店铺就开起来了。与所有的微店平台一样，金元宝微店支持商品管理、商城装修、订单管理、营销管理、销售和流量统计，以及收入明细与提现等，具体如图 2-125 所示。

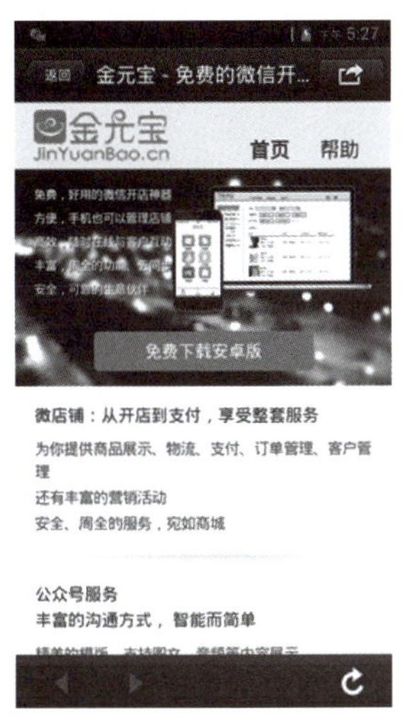

图 2-122　金元宝微店手机下载界面

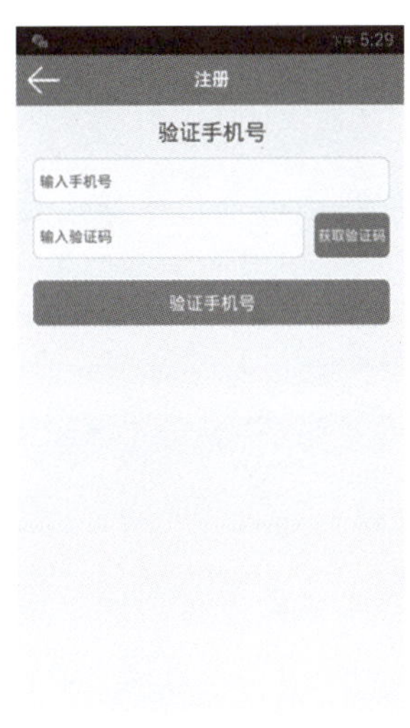

图 2-123　金元宝微店注册信息界面

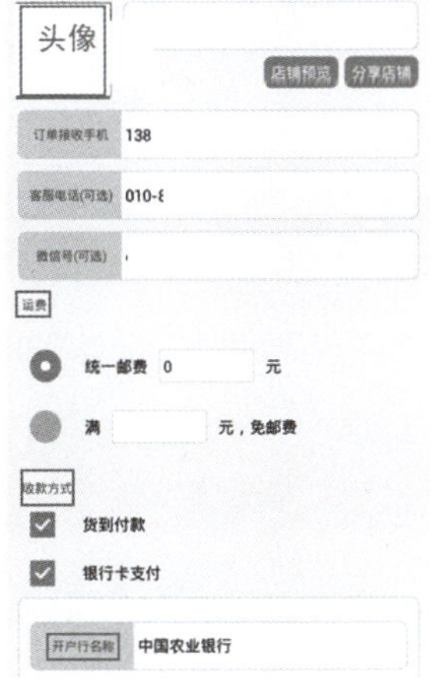

图 2-124　金元宝微店设置界面

图 2-125 金元宝微店管理界面

2.7.3 喵喵微店

这是钱喵喵旗下一款专为女性店主服务的手机开店平台，以帮助更多女性店主赚钱。

（1）喵喵微店具有以下三个优势

① 个性店铺。喵喵微店就像其名字一样，非常具有女性特色。在店铺装饰上，以大多数女性喜爱的卡通形象为主。与其他相比无疑更吸引女性眼球。

② 客户资料可永久保存。客户便捷下单，清晰的订单管理，客户资料永久保存，是再也不用担心的微信平台营销神器。

③ 资金有保证，更安全。易宝支付快捷方便，货款第二个工作日内到账，通过中国人民银行认可，保障资金安全可靠。

（2）喵喵微店申请流程

① 下载喵喵微店客户端。搜索“喵喵微店”，通过二维码下载到手机上，或者在手机安卓市场中直接下载，如图 2-126 所示。

② 输入手机号码，设置密码，获取验证码，注册账号，登录喵喵微店客户端。

③ 创建自己的店铺，填入店铺名称、店主微信号。进入店铺首页分为四大板块，如图 2-127 所示。

图 2-126　喵喵微店下载界面

图 2-127　喵喵微店首页界面

发布商品：用户可拍照上传要出售的商品，同时编辑商品名称、价格、规格、库存数量等信息，而且发布成功后还可直接分享到朋友圈。

订单管理：款项情况，已付款、待付款都会在这里显示。

查看店铺：可以查看所有的商品信息及商家信息，还可以将不想出售的商品下架（删除商品）。

我的收入：显示每天及累计的收入情况（提示：收入金额会在买家付款后1～2个工作日内到账）。

第3章

卖什么？

——选择永远大于努力

卖什么？这是微商创业者急需解决的一个重要问题。作为一个创业者必须选对项目，尤其是在移动互联网强大的传播渠道中，如果没有好项目，产品不受欢迎，难以迎合用户需求，很快就会被淹没在浪潮中。因此找到合适的产品，是微商创业真正迈出的第一步。

3.1 微商是个什么样的市场

卖什么是大多数微商创业者最关心的问题，尽管较之传统创业成本大大降低，但同样面临着赔本赚吆喝的风险，一旦选错产品便会造成损失，而且因为本小利微更不容易翻身。在产品的选择上，每个决定都关乎最终的成败。所以决定创业前一定要对市场进行充分调研，为选择合适的卖品做好准备。

【案例】

一位辣妈利用闲余时间在微信上打理着一个内衣小店，之所以会选择内衣是因为其市场需求很大。可以说有多少女性基本上就有多大市场，小到十三四岁的初中生，大到六十多岁的大妈！使用人群非常广，且使用频率高，周期也很短。一个女人平均拥有 3 ~ 4 件，使用周期大都为 6 ~ 8 个月。

还有一个原因的是在 2013 ~ 2014 年这段时间，微商刚刚起步，做内衣的还比较少，竞争也就比较小。

市场定位是创业者对企业、竞争对手、消费者，以及自身进行一系列调研和考察的活动。有了这样的前提才更容易把握市场，找到符合消费者需求的卖品。从传播学的角度来看，对市场进行正确定位不仅是产品的一个传播行为，更重要的是便于商家根据市场变化调整营销策略，从而迎合市场需求。

市场定位一般包括 4 个层面的内容，即店铺定位、产品定位、竞争定位、消费者定位，如图 3-1 所示。

店铺定位：即对店铺整体上的衡量，例如形象塑造、品牌影响力、经营者的管理能力、员工服务和公关能力等；

产品定位：即明确产品的质量 / 成本 / 特征 / 性能 / 可靠性 / 使用性 / 款式等，以及在同类产品中的优势、劣势；

竞争定位：确定企业在市场中的地位，与竞争者相比，有哪些优势、有哪些劣势；

消费者定位：确定目标消费群体，包括群体特征、购买意愿、购买心理行为以及其他等

图 3-1　市场定位 4 个层面的内容

综上所述，选择卖品之前必须先了解市场需求，把握市场脉搏，迎合市场规律。只有这样，才能从中发现商机、抓住商机。

3.2 对行业难易度做到心中有数

一个卖品前景如何，必然受限于它所处的行业。以衣、帽、鞋、袜和各种宝宝类理财品为例，前者是传统行业——服装业中常见商品，后者是新兴行业——互联网 + 金融延伸出来的创新品，谁的市场前景更好立见高下。

这就要求创业者在选择卖品时先对行业背景进行全面调查，有足够的了解，然后根据行业情况来衡量卖品未来的前景，以便做到心中有数。随着社会分工越来越细，一个人很难跨境做两种行业及两个行业以上的产品。因此要做就集中做某一个行业，且最好选择前景较好、自己熟悉的行业。

下面就对常见行业的特点做出分析，如图 3-2 所示。

① 餐饮业：包括粮食和农副产品的生产、加工、流通等行业，以及与大宗粮食相关的各种子行业。

行业特点：门槛较低，价格稳定（时常受到国家政策控制），有较广泛的消费群体，但由于过于普遍，做大做强并不容易。

经营攻略：产品要有特色，或加盟品牌店以形成品牌效应，如烤鸭市场上的全聚德，蒸功夫、庆丰包子铺等。

② 服装业：服装、家纺服装生产、销售批发、零售等相关行业。

行业特点：服装行业属于传统行业，在过去的二三十年间已经取得了快速发展，而现在已经不能称得上是最好的行业了。

经营攻略：服装制作、销售一体化。

③ 娱乐业：旅游、影视、相声、KTV等其他形式的子行业。

行业特点：随着人们物质生活的不断丰富，对精神生活的追求也越来越高。因此，娱乐业在当前已经成为人们生活中不可缺少的一部分。

④ 交通运输行业：铁路、公路、机场的基础建设、交通工具行业，以及与这些相关的子行业，如汽车维修、装饰、清洗行业等。

行业特点：自从进入21世纪以来，在民众消费力增强、政府大力投入的推动下，这个行业迎来了高速成长期。例如，私家轿车的增多、国家道路建设的投入等都大大地推动着这个行业的发展。

经营特色：正规化、规模化，产品与服务要全方位配套。

图 3-2

⑤ 房地产行业：地产开发、销售以及与房地产相关的子行业，例如装修。

行业特点：2000 ~ 2010 年属于成长期，2010 年后已经进入泡沫发展期。1998 年之后，国家正式取消福利分房，商品房市场正式起步。收入较高，但风险同样加大，受国家调控政策较大。

经营特色：抓住市场机会，进出有度。

⑥ 互联网：软件开发、制作、销售，以及与之有关的软硬件设备行业、电信服务行业，网购等很多子行业。

行业特点：这个行业正处于发展期，市场潜力巨大，未来几年甚至几十年都将深深地影响着人们的生活状态和工作状态。

经营特色：掌握最先进的技术，做出有特色的产品和服务。

⑦ 医药行业：医院、医药以及与之相关的器材制作、销售等。

行业特点：这是集传统与创新于一体的行业，与人们的日常生活息息相关，却又必须随时跟得上时代的步伐。像互联网行业一样，未来医药行业的发展无疑是高速增长的。不过，这个行业进入门槛较高。

经营特色：投资大，重视声誉。

⑧ 金融业：银行、保险、证券等以及与之相关的子行业。

行业特点，这个行业多为国家控制，对民营资本也有很多限制。在常见的几大行业中，进入门槛无疑是最高的。但随着人们投资理财意识的觉醒，很多与之相关的子行业还是有很大选择余地的。

经营特色：紧随国家政策并及时调整。

图 3-2　常见行业特点分析

评价一个行业是否适合自己，除了要结合自身的特长与优势之外，还要遵循各行业本身的特点及成长性等。

① 朝阳产业，成长性高，适合长期发展。

② 所选行业要有个性，即只与一部分固定的人群做生意。

③ 所选行业容易复制，并可迅速做大。

④ 利润周期较短，利润相对固定。

⑤ 投资与收入比不能太大，滚动发展。

⑥ 适合现款交易，尽量少赊欠。

⑦ 尽量少和政府部门打交道。

⑧ 在某区域内形成一定的垄断性，避免低层次的竞争。

3.3 分析目标消费群体的特征

选择什么样的卖品是以消费群体为基础的，尤其做微商更是这样。这是因为微商消费群体相对固定，且以“70 后”以后的城市人群为主，因此，所选择的产品必须紧紧围绕目标群体展开。例如，选择以老年人为消费主体的代步车目标范围就被大大缩小了，也就意味着已经丧失了大多数用户。

朋友圈卖面膜曾经引发了一轮疯狂的微商创业潮，但成功的也仅是少数。因为面膜只是针对年轻女性而言的，消费群体非常窄小。如果你手中缺乏这样的用户资源，面膜再好也很难有销量。

【案例】

果果被朋友誉为“化妆品大王”。就在朋友圈卖面膜最火热之际，她开始代理韩国一款化妆品。为什么要舍弃面膜卖化妆品？这是因为她发现自己的朋友圈中大多是 25 ~ 35 岁的白领，这些人非常注重皮肤的保养，并且还有浓厚的哈韩情结。所以在明确这点后，她毅然决定卖韩国高端化妆品。果不其然，这一消息在朋友圈一传开，立马就被朋友争相抢购。结果一传十、十传百，1 个月内收入多达 5 万元。

同时，也要了解目标客户的购买能力。试想，如果你的朋友圈中大多是普通白领，工资较低，那她们一定不会购买 LV、香奈儿这样的奢侈品。所以确定朋友圈的购买力很重要，决定着卖品的销量。

基于社交平台发展起来的微商，受众面本来就很小；而且由于平台的开放性，彼此之间存在这样或那样的联系，用户大大被分散，或需求不明确。所以，微商在选择卖品时一定要先对已掌握的消费人群特征进行分析、定位。如女士较多，可以选择女士喜欢的产品，如化妆品、包包之类等，如男士较多，就以男士产品为主。

可以说，对用户特征分析越精越好。一般来讲可根据用户性别、年龄、购买力、职业进行划分，并在此基础上依据其他不同的特征进行二次细分，如图 3-3 所示。例如，一款针对十几岁、二十出头的年轻群体特产，可根据礼盒颜色、档次等再分出一、二、三级来。总之，事先对消费群体进行分析才能事半功倍。

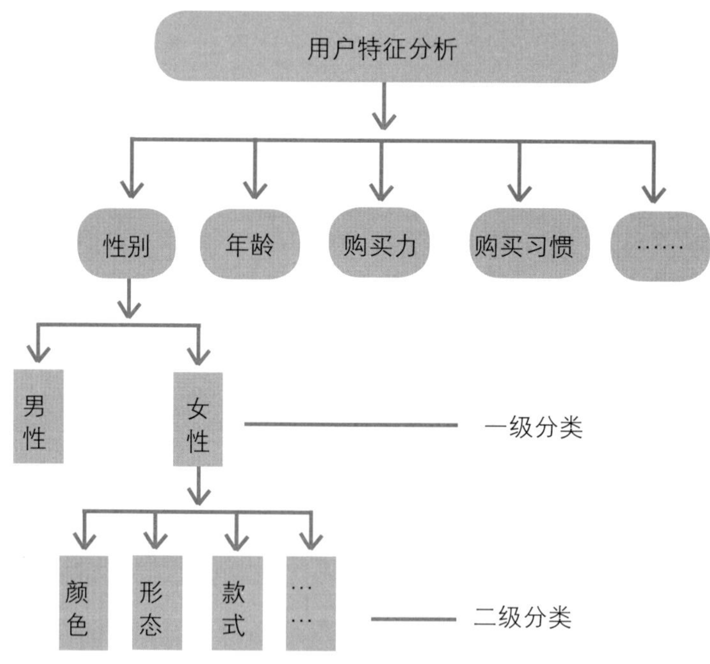

图 3-3　目标用户消费特征分析框架

3.4 需求至上找到客户痛点

需求是促使用户采取购买行为的内在动力，然而人的大部分需求是隐性的，需要去发现、去挖掘，甚至采取一些非常手段去激发。因此，作为微商要学会根据用户的需求去引导他们发生购买行为。给用户提供的卖品要抓住某个需求，或者激发其潜在需求。

【案例】

玖富旗下的金融理财产品——悟空理财，是一款基于手机端的理财产品，完全依靠微信公众号做投资理财服务。在移动互联网时代，趋势是往移动端转移，悟空理财便趟出一条新路：放弃 PC 渠道，直接越过 App，把全部重心放在微信服务号上，如图 3-4 所示。

图 3-4　悟空理财微信号

上线当天业务量就破百万，3 个月便破 10 亿。对此，很多人质疑它是如何做到的？秘诀是：抓住了用户需求——对用户需求进行明确定位，寻找需求痛点，并给予填补。因为前有余额宝，所以即使后期余额宝利息持续走低，大部分用户出于习惯也会将钱放在里面不闻不问，其实这样损失了不少。

悟空理财之所以敢如此大胆，不走寻常路，就在于找到用户理财利息持续走低这个痛点，并帮助用户让其闲置在余额宝的钱有了更好的增值平台。

在微商创业中，选择项目与传统创业是一样的，要选择大众化产品，切不可根据自己的喜好或独辟蹊径，选择过于小众的产品。对于微商来讲，选择大于付出，一旦量上不去，就只有死路一条。

什么是大众化？换句话说就是符合大众的需求，迎合了绝大部分用户的预期。需求永远是第一位的，根据用户需求在原有的产品上提炼新卖点，使产品特征与用户需求尽量保持一致。要想做好这一点，可按以下步骤进行，如表 3-1 所示。

表 3-1　产品特征与用户需求分析步骤

第一步，先找出该产品的 3 ～ 4 个主要特性，以此为准进行分类。例如，款式新颖、布料上乘、产地有名气、品牌信誉好等	第二步，将每一个特性又划分为“高”和“低”两个档次，这样就可以形成 8 个更细致的特征
第三步，把每种特性与不同需求的客户一一对应，最好是附上一些典型客户群特征	第四步，通过总结，验证当初的判断是否准确；同时不断修正，最终确定产品特征与客户需求的对应关系

3.5 差异化选产品满足用户个性需求

如今产品同质化非常严重，这也是很多品牌无法做大、做久的主要原因。所以，寻求差异化也成为产品竞争最核心的部分。

如化妆品是一个竞争最为激烈的品种，其中有个佰草集的品牌非常强劲，一举打进了欧美市场。该产品之所以能够在有限的市场中占有一席之地，靠的便是差异化战略。佰草集与其他化妆品最大的差异在于含有中草药成分，这种“中草药成分”是最大的卖点，加上清新、淡雅的外包装而被大众所喜欢。

【案例】

2015 年年初，一款名叫林夕梦无钢圈的文胸火爆朋友圈，引起了很多微商的加盟。可能有人会问，市面上同类产品那么多有什么稀奇的？原来这款产品一直在宣扬两个特色：一是无钢圈，这是产品本身的特色；二是可防病，宣传时营造了一个健康的理念。

众所周知，大多数文胸都是带有钢圈的，女性戴在身上或多或少有些不舒服，有时候还会带来伤痕。而这款无钢圈文胸消除了可能带来的伤害——勒痕，无勒痕首先满足了用户的基本需求。

其次还在于神奇的功效，由于没有了钢圈，因而减轻了对乳腺的压迫，避免了淋巴向下、向外、向腋窝的回流受阻，可减缓乳腺硬化、乳管等疾病。这就是无钢圈内衣对身体内部的好处。仅凭这两点，就足以打开消费者的心门。

每个人都希望自己的产品与众不同，所谓的与众不同就是能满足用户独特的、个性化的需求。满足这点后，也就意味着用户将愿意掏腰包。那么，微商该如何寻求差异化呢？具体可按照以下两个方面来做。

一是着眼于产品本身，寻找特性、定位、设计、品牌形象、售后服务等方面的差异。二是在产品本身以外的地方寻找差异，如推广方式、优惠方式、价格组合以及营造的品牌理念等。林夕梦就很好地做到了这点，无钢圈无压力是自身的特征，可预防疾病是无钢圈这个特征而延伸出来的一个差异。

因此微商在运用差异化战略时，即可按照这两个思路进行，如图 3-5 所示。

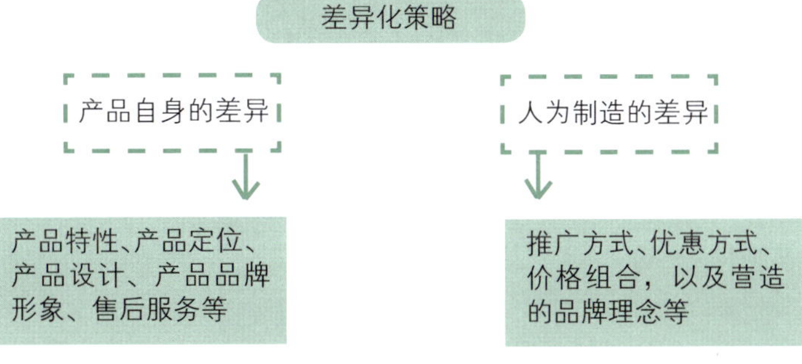

图 3-5　差异化策略运用模块

做生意必须“唯变上适”，微商也一样。在选择卖品时要别具一格，或者在原有的基础上寻找差异化，提炼新的卖点，让用户眼前一亮。

3.6 独特化选产品满足用户求新求异心理

在营销学上流行着一个著名的概念——USP，即独特的销售主张。意思就是，推销产品要有“卖点”，卖点即我们常说的产品优势。想让客户购买你的产品，一定要让客户看到产品的优势所在。

移动互联网时代，人们的消费理念逐渐向个性化、定制化发展，而如何选择适合用户个性需求的卖品就显得非常重要。有的商家甚至提供了个人定制服务，即先在平台上征集用户的需求，然后双方共同制定需求方案，最后根据方案为用户量身定做产品。

【案例】

安琪烘焙是烘焙领域做得最好的品牌之一，烘焙原料、工具、模具以及烘焙食品一应俱全。为了适应用户个性化的需求，还开展了烘焙私人定制业务。另外还展开新方案、新产品调查活动，如图 3-6 所示。调查中，用户可以对自己喜欢的产品进行投票，商家会根据粉丝的需求来制作新品。

图 3-6 安琪烘焙产品调查活动界面

对于传统电商而言，由于有相对广泛的目标群体，开展这样的活动很难；对于消费群体相对集中的微商而言，则要容易得多，也更容易针对客户需求进行全方位、多层面的分析。一方面可以达到互动的目的，另一方面也可以提高用户的忠诚度。

那么在寻求产品的独特性时，应该从哪些方面入手呢？

(1) 给小店贴上“个性”标签

微商在做品牌定位及品牌推广时，要先给小店贴上“个性”标签，因为在与客户、用户的交流时都是对小店个性的一种映射。这里有一个小测验可供参考：可以请自己的用户来描述下卖品。这将有助于了解用户对卖品的看法，以及卖品是否符合用户的需求等。

(2) 打造卖品的独特背景

要学会讲故事！大多数客户还是喜欢听有趣的故事和经历。不要以为在如今这个快消费的世界里，品牌故事不再吃香，其实很多人还是非常喜欢听品牌故事，想要去了解更多产品之外的事情。

(3) 告诉用户能解决什么特定问题

一位精通热水器的管道工，为自己改名“热水器先生”；一位人体运动学家专攻磨牙，因为磨牙会对人体的其他功能造成很大影响；还有专攻头疼的脊椎按摩师等。这些为什么会受到用户关注？主要原因就是能够解决特定的问题。这样就显得卖品独一无二，从而能赢得市场的认可。

(4) 告诉用户可提供哪些额外的价值

除了为用户解决特定问题外，你还能为他们提供什么额外价值呢？综合审视一下自己所有的产品和服务，想想如何才能将它们捆绑在一起，提高产品和服务的综合性价比。例如，一位牙医可以为患者提供一份保养计划；一家汽车经销商可以为客户提供一年免费的洗车服务等。总之要保持创新，寻找能为客户提供更多价值的方案。

（5）服务就是一切

每当客户、潜在客户与你沟通时，都要给他们提供独特的客户体验，诸如记住对方名字，随时提供咨询、售后服务等。这样用户就会将卖品与其他区别开来，也就意味着会赢得更多的忠实客户。

对创业者来说，无论是传统创业还是微商创业，独特的眼光都非常重要。无论选择什么项目都必须有双明亮的眼睛，拥有与众不同的视角，否则，就无法找到更好的卖品。

3.7 选产品要“实际”，不要盲目跟风

就像以前淘宝电商都爱选择“爆款”类商品一样，现在微商业也逐渐呈现出跟风的现象。同一件产品有无数店家在卖，价格也相差无几。看似火爆，其实这样一来利润空间就会被压缩，因此，很多微商陷入两难的境地。

例如，微商圈里化妆品、面膜等曾经卖得很火热，从而带动大批人一股脑地去卖，结果到处是面膜代理商、批发商、个人微商等。

要知道某个品牌很火，大家都跟着去卖，竞争势必会很激烈，肯定是赚不到多少钱的。所以微商在选择卖品时还要根据实际情况而行，不要盲目跟风。

【案例】

张明明作为一个微商，也经历了如何选择卖品的困扰。当时有两个品牌可供选择，一个是大品牌，销量特别好，知名度也不错；另一个是不被大众所知的小品牌。经过慎重考虑，她选择了后者。她认为大品牌虽然知名度高，但做的人也会很多，盈利空间就会被大大压缩；而且作为刚创业的微商，由于正处于起步阶段，选择小的品牌做代理更容易获得业务上的指导。

可见，并不是任何商品都适合做微商，它取决于很多因素。那么，哪些商品适合做微商呢？经过总结，大致有以下六大类。

☆日常消费品

这类产品体积较小，附加值较高，且方便运输。例如，日常生活中衣食住行所用到的一些产品。

☆女性类产品

无论是从购买频率、消费额还是其他方面看，女性都是商家特别重视的一个购买群体，如女性产品、家居用品等。

☆电脑软硬件产品

网络用户大多数对这类产品信息最为热衷，产品升级、更新换代快，并且电脑软件通过网络传输比较便利，使得这一市场有着永不衰退的增长点。可以采用免费试用或免费赠送等引起消费者的兴趣。

☆服务类等无形商品

这类产品具备独特性与时尚性，主要包括宾馆预订、鲜花预订、演出门票的订购、旅游线路的挑选、储蓄业务、电子机票预订和各类咨询服务等。

☆有收藏价值的产品

微店商家越来越多，包括专业性 B2e 网站也呈快速发展态势，而相关收藏品如纪念币、邮票、珠宝等却热潮不退。

☆个性化较强的产品

微信沟通的广泛性、便利性，使得新产品可以更主动地向更多的人展示。如创意型产品，就可充分满足那些品味独特、需求特殊的顾客。

3.8 常用的四大批发途径

微商创业中，最核心的就是找一个合适的货源，货源对于微店生死来说起着决定性作用。那么，微店新手如何找货源呢？通常来讲有 4 大途径。

3.8.1 批发市场

对于微商新手来说，最可靠的进货渠道是批发市场，尤其是到全国有名的批发市场。各大批发市场基本上都是呈块状或片状聚集在一起，品种齐全、种类繁多，有利于挑选更合适的商品，也更容易了解到当下最新款、最符合市场流行趋势的商品。

下面是全国范围内各个城市比较上规模的批发市场，如图 3-7 所示。

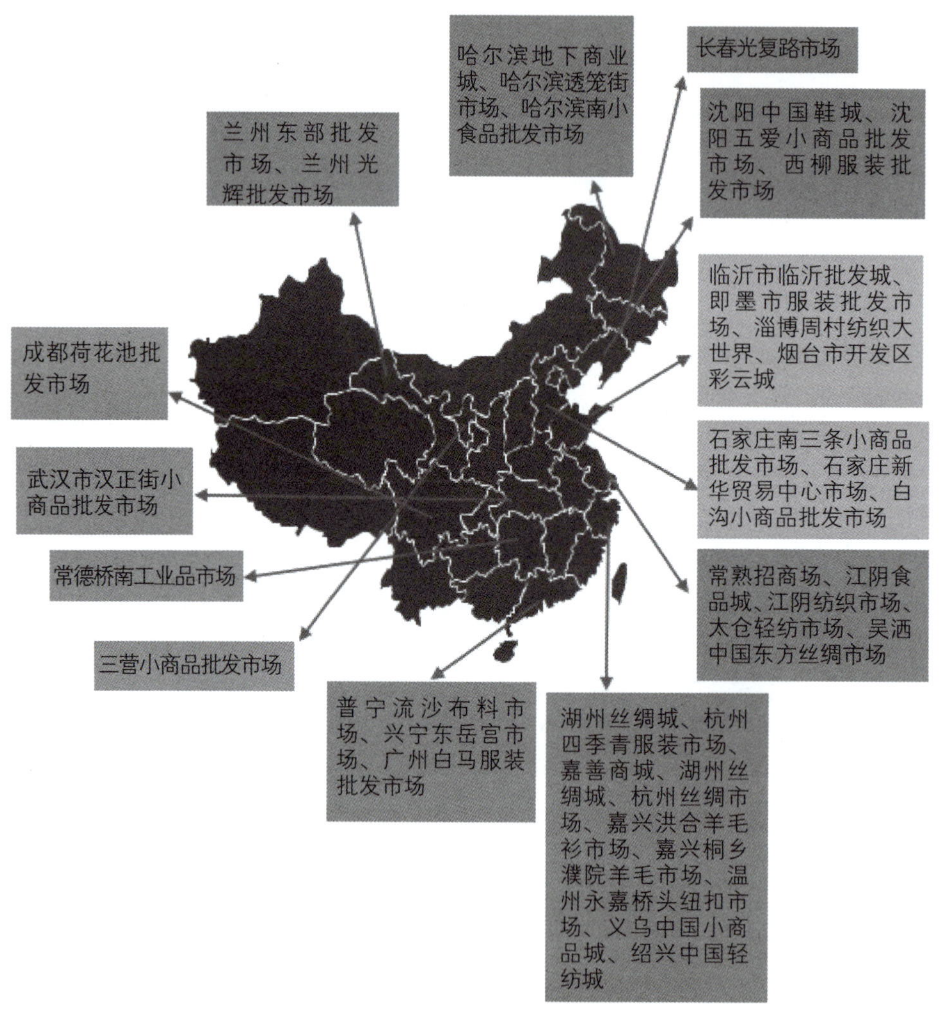

图 3-7 全国各地主要的批发市场

这种批发渠道的劣势是时间和运费问题。全国最大的批发市场主要集中在少数的几个城市，卖家如果千里迢迢跑到某个城市的批发市场，花费的时间往往会较长，而且货物的两地运输也会遇到很多障碍。因此，商家第一次进货时应尽量选择本地的厂家或市场，这样可方便上门取货。

3.8.2 阿里巴巴网站批发

相对于时间长、运费贵等这种到批发市场进货渠道，网上进货则是不错的选择。随着互联网的发展和电子商务的普及，在网络上批发也成为很多商家的首选。目前，最大的网络批发商城是阿里巴巴，如图 3-8 所示。

图 3-8　阿里巴巴批发商城界面

阿里巴巴作为一个网络批发平台，充分显示了它的优越性。阿里巴巴有很强大的搜索功能，可供商家进货时货比三家，最大限度地选择适合的产品。

阿里巴巴不仅可以批发进货，还为商家提供多种多样的售后服务，如针对会员推出“诚信通”优惠服务，诚信通指数达到近百或是上百的都可享受进货优惠；使用“贸易通”可避免产生贸易纠纷，即使有纠纷也可作为日后处理的依据；针对小卖家提供小额的拍卖进货，有的起拍量很小，这都是适合小规模微商的进货方式。

值得注意的是，网络进货基本上处在一个虚拟的世界中，信用问题是最大瓶颈，所以微商卖家选择供应商时也要谨慎，最好是选择支持支付宝或诚信通会员的产品。

3.8.3 网络代销

网络代销是指在网上通过展示厂家、某商家产品图片、产品介绍等方式，向买家推销产品。当买家购买后，将收取的货款给商家，自己从中赚取部分差额。

也就是说，充当着商家和买家的中间人，如图 3-9 所示。

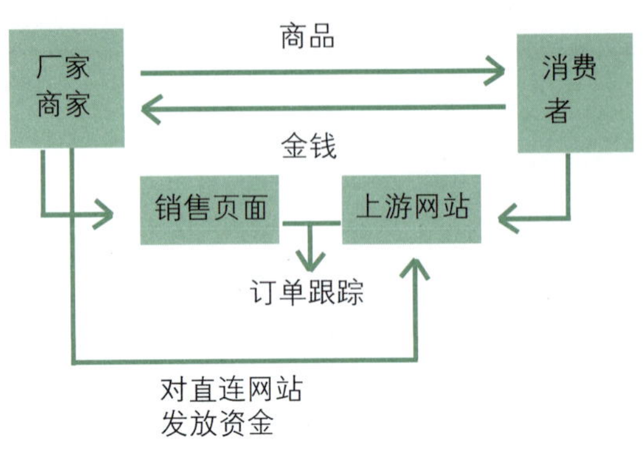

图 3-9　网络代销模式

这种方式适合两种创业者，一是本钱过少者，二是害怕承担太大风险者。网络代销的优点是，几乎不需要什么资金投入，也不用准备仓库、负责物流。只是给商品拍照，描写商品介绍，当买家看中某商品时，商家会直接向买家发货。

缺点是牵涉到第三方交易，利润相对偏低；同时，由于不能直接接触商品，无法对商品质量进行实时验货，也会面临着质量风险。鉴于此，做代销时要尽量找规模较大、正规、有资质的商家。

3.8.4　寻找商家余货

这里的“商家”是指产品的生产厂家和大批发商之类，如外贸服饰加工厂。余货就是指这些公司的尾货、订单退货或是临时取消订单的库存，比如一些比较大的名牌产品批发商由于各种原因造成的库存积压等。尽管这些产品不是最新的，但它的名牌效应还在，如果能找到好的商家，也不失为非常不错的货源。

值得注意的是，在寻找这类商品时最好找中高档，一是可以适当提高价格，二是可利用品牌影响力来增强店铺人气，获得买家的好评。

3.9　选择货源的三项准备工作

在货源的选择上，仅仅有进货渠道是远远不够的，还需要本人有个详细的、科学的目标和规划，做足进货前的准备工作。

通常来讲，准备工作有如下三项。

3.9.1 确定进货方向

之前多次强调，做微商最忌讳的就是做成“杂货铺”。也就是说，卖什么就是卖什么，不要看什么都好、什么都想做。所以进货前一定要有个清晰的思路，列好进货清单、准备进哪一类货、这些货大概需要多少钱等基本信息。按照清单上的要求去找货，这样就不至于在市场里盲目地乱转。

确定进货方向就是指要对所销售的商品有个明确的定位，是针对一种群体而言的。以服装为例，是女装、男装、童装，还是休闲系列、运动系列、商务系列。这些都需要在进货前就决定好。

3.9.2 对市场进行调查

进货首先要确保所购的商品在市场中具有较强的竞争力。这需要提前做好市场调查，如想做运动休闲系列的服装，就要到批发市场了解这类服装的价格、款式，将谁家批发什么样的服装、什么价格、谁家批发的好、进货的人多少等都要仔细记录下来。除了对批发店铺进行考察外，对进货的人也要了解。进货的人都进什么样的货、流行颜色、款式等，都要仔细研究。

微店店主做进货前的市场调查，应该确定以下几个目标：网上周边店铺的客流量；同类商家数量及经营规模；潜在消费者规模；高销量商品类型和价格；同类商家的货物维持量及日常流量。

3.9.3 物流的选择

无论是同地进货，还是异地进货，大多数时候都离不开物流。所以，选择正确的物流，不仅关系着产品的安全和完好程度，还能节约成本。进货前需要先对物流有个全面了解，如果商家提供物流则可利用这个便利条件，如果不提供就要自行解决。

主要根据距离的远近，货物的品类、数量等实际情况而定。如果相距较远的话就需要考虑比较快一点的交通工具，如果较近的话就可以选择公交、的士之类的交通工具，甚至可自行提货。如果进货量较小，就可以选择快递，既快还安全；如果进货量比较大，建议选择物流公司，虽然慢但非常便宜。

3.10 三步骤做好市场风险预测

创业过程中所遇到的风险往往是充满未知的，而市场未知性的表现会增加极大的不确定性。因此，微商必须知道如何来规避卖品的潜在风险。

为做到风险规避需要按照以下三个步骤进行。

3.10.1 分析

创业者如果对经营项目考察得不够充分，就无法着手实施。其实投资前对项目考察不可能做到非常充分，因为每个人对信息的拥有不对等、对信息的理解也不同。这就需要对所考察项目进行科学、系统的分析，这是理解项目各个要素的最好方法。

分析的办法是剥开皮，抓关键。但什么是皮？可能大多数人并不十分清楚。这里举个例子解释一下。一个人计划投资“电动扳手”项目。它是用来给汽车换轮胎的，优点在于省时省力。事前，他搜集到了拥有该项目所有权的公司是如何正规，发明人的头衔有多少，专利证书、技术鉴定以及关于成本、销售价格及广阔的市场前景分析等一系列权威资料。

面对这些资料，需要分析它们的可靠程度以及能说明什么。其实，头衔、证书和盈利等这些从商家了解到的资料都是“皮”，对你未来投资这个项目并没有实质性的帮助。这个项目的关键是，你要了解现在司机喜欢使用什么工具换轮胎？他们对工具的使用最在意什么？是否愿意多花比脚踏扳手多 200 元的钱，这是关键之关键。

3.10.2 验证

通过第一步对项目要件进行逐一分析之后，接下来就应该实施检验，证明其可行与否。这一步是在正式投资之前对项目内容的一个检验过程，直接关系到投资的成败。这里有两点应该引起创业者的注意：检验技术和市场，如图 3-10 所示。

技术方面	技术核心在哪里，技术的先进程度，技术的具体标准，技术所需设备、维修、特殊工具，与此技术相关的技术、工艺以及环保要求等
市场方面	市场方面需要检验的包括：市场目标、入市渠道、价格定位、市场容量、销售方式、销售管理等

图 3-10 投资项目验证的两个主要方面

验证所投资的项目，上述两个要素缺一不可。只要有其中一个不能得到验证，不能获得透彻的理解和充分的把握，就不能轻易投资。

3.10.3 综合

完成前两个步骤之后，对项目已经有了一定的理解和把握。这时，就应该进行综合的考虑与评估。评估的标准仍是“行得通”，因为有时候每个验证的对象都合格，达到了标准，但是在实施时仍会出问题。所以，综合评估这个步骤必须有，只有各方面行得通后，各个环节紧紧相扣，才能降低风险，顺利实施。

微商创业最关键的就是要学会控制风险，因此风险评估是投资前一项不可缺少的工作。在了解了风险评估的程序之后，就要对待定项目进行全方位的评估。

评估通常包括以下几个方面：资源、市场、技能、管理。无论哪个方面都必须考虑周全，不能随意，任何一个环节掌握不好都可能为你以后的经营管理带来致命的打击。

第4章

如何吸引粉丝？

——微商存在的基础

做微商就是做粉丝，要想在市场中立于不败之地，首先便要突破粉丝少的窘境，得到大众的熟知、认可。本章从如何获取粉丝、与粉丝建立关系，如何与用户沟通、培养用户习惯等几个方面入手。

4.1 做专做精——建立品牌形象

大多数人都认为，卖品种类越多越好、品牌知名度越大越好，且卖品足够丰富才更便于消费者做出选择。其实，这种认识是片面的，需要视情况而定。大品牌、多概念、多产品这种经营思路对传统电商来说，由于有足够的流量和目标群做保证可以做得非常不错。但这恰好是微商一个最大的短板，因此并不适合。

其主要原因有两个。

第一，产品类型多，意味着每个产品都很难进入核心，也没法拿到最低的价格以保证利润率。因为要拿到较低的进货价，通常对拿货量都有要求，假如每个商品都拿几件、几十件，进货成本就会很高，利润率自然会变低。

第二，多产品无法聚焦客户。朋友圈好友数量是有限的，多产品会导致店铺无法聚焦，给人感觉定位很模糊，带来的结果不是转化率的提高而是降低。

做专做精，有利于树立店铺的品牌形象。很多优秀的微商就是这样做的，要么聚焦一个品牌，要么聚焦一个概念，例如护肤、养生、收藏等。尽管一开始操作起来难度较大，投入的金钱成本也很高，但跟紧一个品牌对日后的发展是十分有利的。

“扬子壹购”是扬子晚报官方的一个综合性购物平台，也是全国首个媒体购物平台，其商品涵盖美容护肤、品牌包包、时尚精品、床上用品、生活小家电、收藏等多个领域。这个平台有个特色，即每个品类只做精品。据“扬子壹购”藏品俱乐部的负责人介绍，这主要是考虑到普通市民“门槛低、回报高”的收藏需求。

以收藏品为例，鉴于藏品市场良莠不齐，热卖的达到 1000 多种，“扬子壹购”便只精选了其中 20 种，包括钱币、玉器、书画等种类，其精选程度可想而知。

4.2 良好的购买体验——服务做保障

用户体验，是利用互联网营销不可忽视的内容。很多微商为了加深产品在粉丝心目中的印象，不断地刷屏，各类广告宣传满天飞，殊不知这正是在破坏用户的体验。千里之堤，溃于蚁穴，在这个无处不讲究用户体验的时代，所有的破坏行为都必然遭到粉丝的疯狂反扑，结果必定是一键拉黑，取消对你的关注。

因此，微商必须注重为用户提供良好的购买体验，让用户在购买过程中不仅能得到满意的产品，还能体会到精神上的满足。

杜蕾斯在向用户推送产品信息时就特别注重体验，设置了多样化的体验板块。打开杜蕾斯微信公众号菜单界面，用户可以看到三个选项，分别是“美术馆”“买套套动”“我”，简单、清晰地显示着不同的体验服务，如图 4-1 所示。

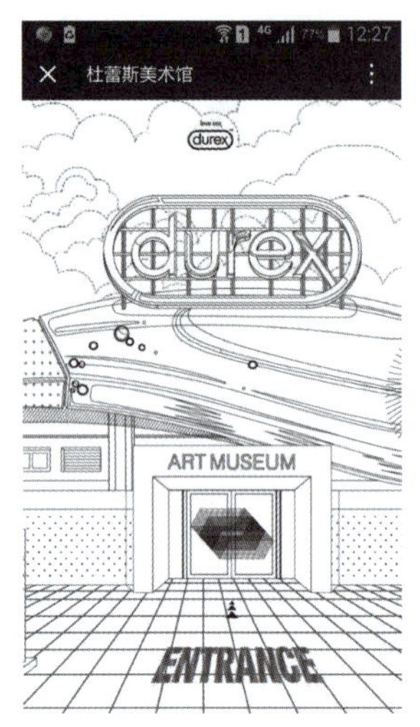

图 4-1　杜蕾丝“美术馆”显示界面

做微商必须以满足用户体验需求为主，除了杜蕾斯这样做之外，现在很多微商都开始朝这个方向发展。收藏品微商会聘请专家手把手教用户鉴别藏品；养生微商会请来名师为用户讲解中医、药膳、养生；名酒微商挑选百种名酒线下供用户任意品尝。为什么这么任性？目的只有一个——增强用户的体验。

因此在微店的栏目设置上，需要根据具体产品类型进行不同的体验服务，可以是一款互动游戏，也可以是相关的问题竞答，总之要让用户拥有购物之外的多种体验。

4.3 与粉丝多互动——增强用户黏性

点赞、评论是微信朋友圈中两个最常用的功能，也是微商与粉丝进行互动的两种方式。在微信没有点赞、评论功能之前，商家只有公众号在“自言自语”，单向传播信息，无法得知粉丝的反馈，自然无从谈起进步和优化；面对粉丝流失的情况，也会产生困惑。而这两个功能的开启，对微商吸引粉丝、增强粉丝黏性来说可谓绝好的手段，如图 4-2 所示。

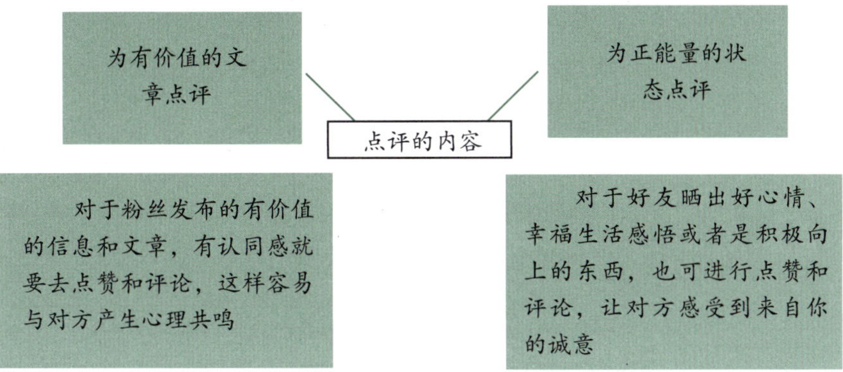

图 4-2　点评的内容

4.3.1　微信点赞

微信点赞是微信下方内置的一个按钮，是微信朋友圈互动最简单的方式，可帮好友分享动态增加人气。

很多商家把微信朋友圈作为品牌的根据地，为了吸引更多微信好友，纷纷推出各种微信体验式营销活动为粉丝提供奖品，引诱粉丝点赞。“集满 18 个‘赞’，送港澳 3 日游”“集 20 个‘赞’送移动电源”……最近，各类“求赞”微信也在微信圈中热传，如图 4-3 所示。

图 4-3　求赞微信

点赞送礼可以提升商家人气，增强用户黏性。不过值得注意的是点赞也需要

技巧，以避免落入某些不良商家的陷阱。届时，“赞”不但会成为一种“敷衍”，还会误导更多的人。从商家的角度来看，为避免不良的点赞行为，应做好如表 4-1 所示三要点。

表 4-1 微信点赞三要点

互动点赞	礼尚往来是一种礼貌，所以要主动为用户点赞，每个人在朋友圈发布内容都是希望得到关注，而点赞便是传递这种关注的最好办法。对于粉丝来说， 被点赞很可能会关注我们，所以只有主动点赞才会获得回点
寻找精准用户	点赞要知道谁是我们的精准用户，要让用户主动点赞，只有用户主动关注我们，才可能成为真正的粉丝
限定人数	很多积赞送礼的活动，由于前期没有限定人数，后期参与的用户较多，所以商家出于成本考虑，可能会单方面结束活动，或者对参与的用户不兑现奖品。这样就会流失一部分用户，也会形成不好的口碑

4.3.2 自我评论

与点赞相比，评论更具有亲和力。如果在点赞的同时配以适当的评论，那么就更容易取得良好的互动效果。

尤其是对那些坚持以文章质量为先的公众号来说，以往的阅读数和点击数无法体现其价值。评论功能的出现使商家与粉丝能够进行深入互动，从而产生思想上的融合和碰撞，进而体现出自己所存在的价值，如图 4-4 所示。

图 4-4 粉丝与商家评论互动

然而，微信的评论功能也并非十全十美。其局限性表现在，要经过公众号的筛选（审核）之后才能显示在评论区，也就意味着被筛选过的评论会有很大水分。某些商家直接安排水军与用户互动，挑选出对自己有利的评论，再放置在评论区，引导用户做出正面评价。这无疑会丧失公正性，容易对用户造成误导。

因此对于商家而言，评论首先必须是真实的，同时要掌握与用户互动的技巧，否则很难给用户以信任感，如表 4-2 所列。

表 4-2　微信评论互动的 4 要点

避免单纯地说教	评论的功能是赞美、提出意见，或出谋划策，但最好以建议的方式来表达
避免过于频繁	每条动态评论一次就够了，频繁评论会让对方感觉你无聊
避免过于啰唆	评论性的文字不需要太多，最好是针对好友发出的内容做评论
避免过于专业	评论要大众化，尤其是对于不了解的专业性文章避免过于专业，因为不懂装懂最易惹人反感

4.4 卖信任——与粉丝建立强关系

与淘宝、天猫、京东相比，微商的致命缺陷就在于缺乏健全的评价体系，如淘宝店铺这样的等级制度。这样一来，最直接的一个后果就是用户无法通过评价直接去判断“店铺”的可靠性及产品的好坏。

那么微商为什么还如此火，能把货卖出去呢？这就源于微商的另一大特点：基于熟人关系的营销模式。

微商是通过微信朋友圈、微博、QQ 空间、SNS 等社会化媒体，来进行一系列产品销售和推广的新型商业模式。说白了，微信朋友圈、微博、QQ 空间里大部分都是工作、生活中的真实朋友，至少也是认识的人。可以说，90% 的微商首先会把产品卖给现实生活中的朋友。

从这个角度来看，这种成交之所以成立，核心优势在于信任。用户不是基于对“店铺”的信任，而是基于对“卖家”的信任。

在这层关系中，客户转化成粉丝有一个过程，基本思路是：潜在客户—新客户—老客户—流失客户—忠诚客户—粉丝—分销商，如图 4-5 所示。

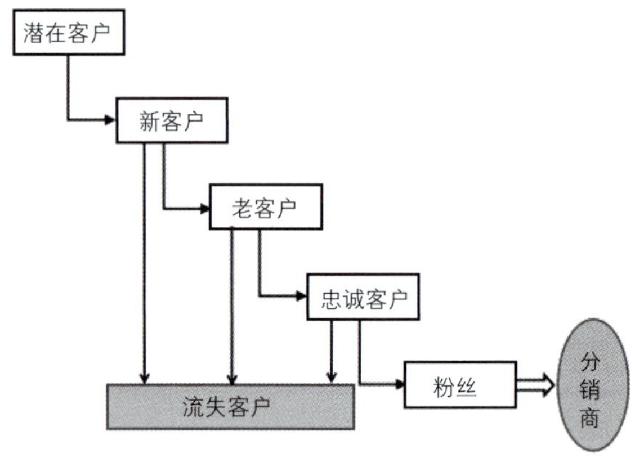

图 4-5 客户转化成粉丝的过程示意图

在微商的强关系过程中，讲信用很重要，但最后还要落脚于卖品的品质好，否则微商是无法持续的。品质有保证，信任感会很强，口碑传播也会很快。

微商不应该成为一种朋友圈生意，而应当成为强关系之下营销模式里的一个场景以及体验。也就是说，微商若想持久，就要做到两点，一是基于朋友圈的强关系，二是极致的产品体验。如果做不到这两点，微商就会变成坑商。

4.5 重复消费——吸引客户多次消费

正因为微商是基于熟人关系的一种商业模式，所以也注定了消费群体规模不会太大。大部分微商靠的都是平台上现有的资源，比如 QQ 空间、微博、微店或者朋友圈等，有的商家甚至只开拓某一个平台。即使这样，那些优秀的商家也做得非常好。为什么？这是因为人数基数虽然很小，但消费频率高，即可实现重复消费。

做微商不是一味地扩展新客户，而是在现有的基础上实现深挖掘，维护好这批客户以致成为真正的粉丝。那么，如何让用户重复消费呢？

首先，就是卖品要有利于重复使用，便于消费者二次甚至多次消费。如果不能做复购，把朋友圈转发一遍，基本上就没有第二笔生意可以做了；就算一开始赚的钱再多，基本也是不能重复的。

面膜、衣服、零食之类的商品之所以卖得最好就在于，它们有足够高的重复使用率，属于可以重复购买的商品。

其次，要做好消费者购买环节的沟通工作。在电商行业，客户购买的环节一般都会有订单催付、发货提醒、签到等接触点。微商和电商的道理其实是一样的，在一些重要节点利用微信通知客户，在服务和体验环节做得比别人更加到位一点，更容易形成品牌和效应。

最后，做好客户购买之后的跟踪服务。重复营销是一个闭环模式，就像在一个圆圈跑步没有起点，也没有终点。微商做推销也是这样一个过程，将卖品卖出去之后仅仅是完成一个环节，或者是下一轮推销的开始。因此对于微商而言，必须能把握客户购买后的行为，使之与前期的推销形成一个闭环，这个闭环模式如图 4-6 所示。

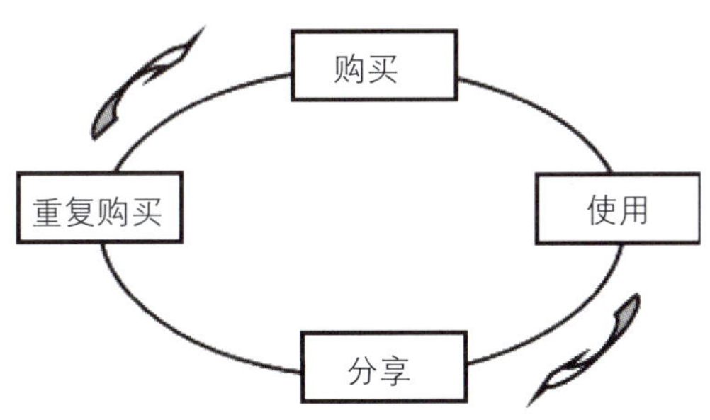

图 4-6 微商推销的闭环模式

4.6 利用 QQ 群——拓宽粉丝来源

QQ 是使用最广泛、时间最长的社交工具，现如今几乎每个人都有 1 个或几个 QQ 号。当自己的 QQ 好友聚集了一定数量后，就可以在 QQ 号内进行推广了。而且自从 QQ 和微信实现连接后，信息的发布也可以同步进行，这就为产品大范围的推广提供了更多可能性。

然而借助于 QQ 群进行营销常会遇到两个问题，一个是死群，另一个是广告太多。无论哪种情况，在推出活动时，宣传的力度都会受限，从而使宣传达不到应有的效果。因此掌握必要的 QQ 群营销技巧和方法，将会达到事半功倍的效果。

4.6.1 创建 QQ 群

这是针对已经有联系的好友而创建的。其优势在于自己是群主，或者与好友之间已经建立起相互信任的关系，在发布广告宣传时会更加随意和自如。不过要真正引起群友们的兴趣仅凭发广告是不够的，所以建群时要有针对性，即先将好友按照类别分组，再将不同组的人分别建立一个群，针对不同群友提供他们想要的信息。

创建好 QQ 群后，会有很多用户主动添加进来。因为，他们觉得这个群里一定有自己想要的东西。如果这些需求无法得到满足，他们就不会长久地待在群内。为此，所建立的群必须定好位才能被更多人查找到，并愿意留下来。

目前在 QQ 群查找中，系统对群的分类非常明确，涉及多个领域，如互联网 IT、金融、房地产等，每个大类里还会再进行细分，如图 4-7 所示。

图 4-7 QQ 群分类界面

例如，一个以培训为主的群，要定期提供培训信息，举办开课讲座，分享工作经验和技巧、分享课程心得等。又如，一个以卖茶为主的群，要能够共同了解茶叶，以便茶爱好者和茶商之间建立联系。

4.6.2 添加 QQ 群

添加的 QQ 群不是你的领地，在做营销时就必须够“软”。因为一不小心就会被群主移出群，这样就丧失了一个好的领地。所以在添加的 QQ 群里做营销需要十分谨慎，最简单的办法就是了解他们，融入其中，知道该群的交流方式。

加入的 QQ 群大多与产品相关，可以凭借着独到的理解和掌握的专业知识让群内好友认可你、信任你，最好能使对方主动添加你为好友。只要获得了他们的信任，就可以通过私聊的方式将他们转化为准客户。

这里有一类群是需要着重关注的，即 QQ 营销群，如代购、代理、淘宝刷钻群等。这些群没有什么意义，主要是像傻瓜一样推送广告信息，如图 4-8 所示。

图 4-8　添加群界面

做这类群营销最好的办法，即看到有类似的产品推送出来就可以找对方私聊。私聊时可询问对方关于产品的问题，以及产品上家的问题，从而建立某种生意上的联系。例如对方怨声连连，你可以将自己产品的优势讲出来，转化为自己的代理商；如果他销售产品做得不错，你也可以将产品推广给他，让他帮助销售或从他那里获取销售资源。

4.6.3　如何将 QQ 群与微信相连

为了取得更好的推广、宣传效果，可将 QQ 群好友与微信相连，这样就能及时在朋友圈中看到 QQ 好友的更新动态。

QQ 与微信相连有如下四个步骤。

①添加群成员为好友。

②在微信通讯录中，进入“新的朋友”，点击“添加朋友”，再点击“添加QQ好友”（需同时手机登录该QQ号）。

③将QQ号与微信绑定，进入“添加QQ好友”界面，点击“开始绑定”，绑定后即可查看QQ好友。

④接下来即可申请添加，点击添加"按钮"，发送添加请求，待对方同意后即成为好友。

4.7 做好QQ空间——移动的“企业网页”

在微信加粉时，很多微商又开始重新关注被抛弃已久的QQ空间，注册新QQ号或从淘宝购买有一定等级的QQ号。这是因为QQ作为目前用户最多的社交工具之一，毫无疑问也是访问量最大的一个平台。目前，QQ空间已与苹果、安卓、塞班系统相连，同时也可引导到微信群和朋友圈，如图4-9所示。可以说，QQ空间具有巨大的商业潜质可挖掘。

图4-9 QQ空间与合作的各种系统

那些较早利用QQ空间进行营销的企业，如今已经发展到了相当强的程度，如蘑菇街、美丽说等，如图4-10和图4-11所示。

图 4-10 蘑菇街在 QQ 空间的营销界面

图 4-11 美丽说在 QQ 空间的营销界面

那么，如何做好 QQ 空间来吸引粉丝呢？最主要的还是做好内容营销，为用户们提供切实可行的内容。

4.7.1 开通 QQ 空间认证

QQ 空间认证非常重要，是指经过腾讯官方认证，针对知名品牌、机构、电子商务、应用商、网站媒体、名人等推出，拥有专属功能的腾讯专页。目前认证方式有三种，分别是个人认证、 企业认证和企业网站认证。

QQ 空间认证的条件如下。

- QQ 空间用户（如非 QQ 空间用户需先注册开通）;
- 知名品牌、企业机构、媒体或名人，普通空间也可申请，但要求较严格；
- 原创用户，发表空间日志至少 20 篇以上；
- 能保持每周至少 2 次的日志，且更新内容健康，有思想性，与所在领域相关。

认证空间是普通空间的更高级版本，取得认证后的空间比普通空间增加了一些功能和模块，更容易得到陌生人的认可。其中，最显著的特点是“我喜欢”的海量粉丝功能。当用户点击“我喜欢”成为粉丝之后，该空间的搜游更新内容将会在粉丝的个人中心展现。

除此之外还有一个特别的好处，即通过 QQ 认证的空间，在搜索时会排到最前面。同时也可获得腾讯优先推荐的机会，而一旦被推荐将带来上百万的流量，被成千上万的用户所熟知。

4.7.2 做好内容营销

（1）发表原创日志

为了获取更多的潜在用户，必须定期发布一些对 QQ 好友有帮助的高质量文章。如果单纯是标题党骗点流量，效果是很有限的。写高质量的软文，或原创日志是绝佳的推广机会，可让那些不愿意写日志的人来阅读和转载。

其实，这个阅读和转载的过程就是推广的过程。对方在阅读和转载的过程中就接受了你的理念、你的产品，或者充当了传播的纽带，帮助你扩大宣传。

（2）转载人气较高的文章

转载那些被大家转载几千次、几万次的文章，可以迅速提升 QQ 空间的人气。因为这些文章大家都很喜欢，内容的实用性很强，分享给朋友也一定会得到他们的认可。

只要把 QQ 空间里的内容做好，就能快速吸引他们的注意力；再在文章后面放上企业的微信二维码，自然就能吸引他们关注你的微信账号了。

（3）与朋友分享

QQ 空间日志除了转载外还有一个分享功能，用户只需点击一下 就可以把喜欢的文章分享给自己的 QQ 好友。我们可以在内容当中加入一些引导读者分享的语句，促使读者分享这篇日志。一旦用户分享了我们的文章，那么他的 QQ 好友就会成为我们潜在的购买者或传播者。

4.7.3 对 QQ 空间进行装扮

装扮 QQ 空间是给用户的第一印象，否则就无法引起用户的注意。那么，如何装扮出别具一格的空间呢？当然，这对于 VIP 用户不是什么问题，根据自己的需求插入模板、皮肤、图片等立马就会焕然一新。但对大部分普通人而言，该如何低成本地装扮自己的空间呢？这就需要掌握一些免费装扮的技巧。

（1）巧妙地运用编辑导航功能

点击 QQ 空间上方的“装扮”，再在下拉菜单中点击“装扮商城”，如图 4-12

和图 4-13 所示。

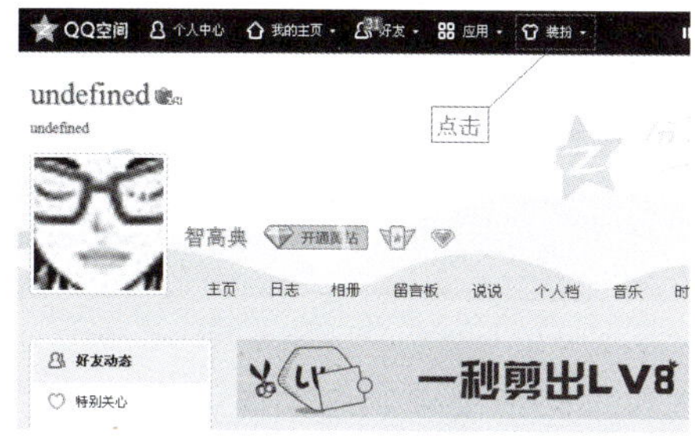

图 4-12　点击 QQ 空间上的“装扮”

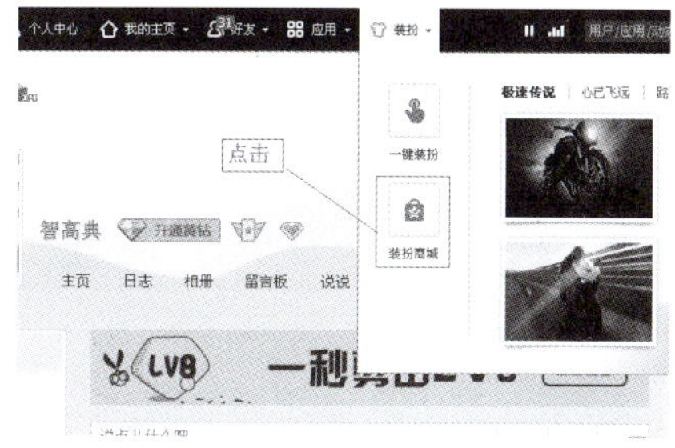

图 4-13　装扮下的“装扮商城”

点击“设置”下的“编辑导航”，在弹出的窗口中选用合适的模板，如图 4-14 所示。

图 4-14　点击“设置”下的“编辑导航”

在“导航内容”中对栏目进行自由勾选，如图 4-15 所示。点击“确认”按钮后，勾选的栏目会出现在主导航中。

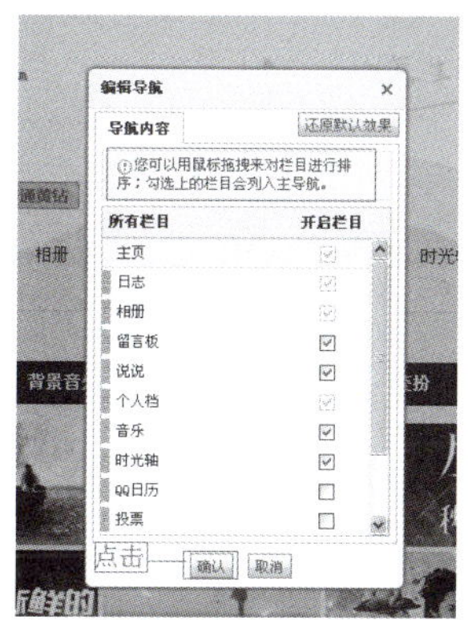

图 4-15　“导航内容”页面

（2）充分利用免费资源

系统会不定时地赠送些免费资源，如皮肤、播放器，图片、歌曲、Flash 等。商家可以充分利用这些免费资源，根据自己的需求进行组合。具体操作为进入 QQ 空间，点击装扮空间，在输入关键字里搜索需要的资源，如皮肤“幸福的故事”“浏览器”“BLUE”等。然后点击“搜索”，并点击“保存”，这样就下载到空间里了。

值得注意的是，在插入歌曲和 Flash 时步骤较为复杂，这里提示如下：

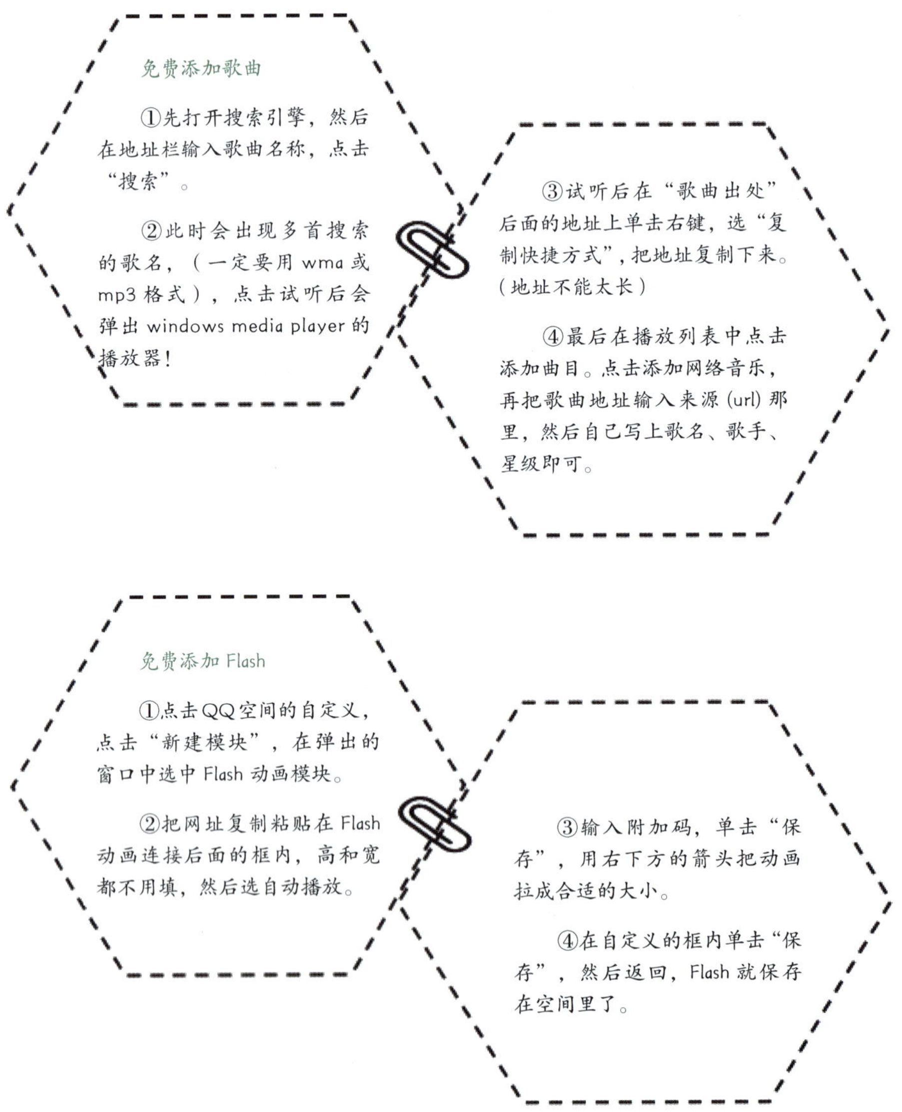

4.8 利用 QQ 邮箱——最安全、最保险

利用邮件进行产品宣传和传播，并吸引粉丝关注，能达到快捷、接受率高的效果；而且极易保存，只要不主动删除永远都不会消失。但对大部分微商来说则是最容易被忽略的，如果不是特别需要一般极少会用到。

4.8.1 利用 QQ 邮箱写信功能

在写信中，可以根据自己的需求，选择不同的发送形式，贺卡、明信片、音视频等，使发送的内容声情并茂、更吸引人。在 QQ 邮箱内，还有非常好玩的漂流瓶功能。可以开通漂流瓶，以增加认识新用户的机会。

为了提高辨识度，还可以对 QQ 邮件进行个性化设置。在设置功能中，可以自定义字体、自动回复、个性签名等，如图 4-16 所示。

图 4-16 QQ 邮箱设置页面

4.8.2 利用 QQ 邮箱的订阅功能

商家利用这个功能可以随心所欲订阅自己喜欢的邮件，如阅读风险、学点英语、美食札记等。具体操作为在 QQ 邮件的“阅读空间”中找到“我的订阅”菜单，进入“空间阅读”，如图 4-17 所示。

图 4-17　QQ 邮件订阅主页面

在阅读的过程中，可以将认为有价值的文章发送给好友和分享给好友，这个发送和分享的过程就是一种互动和交流，如图 4-18 所示。

图 4-18　将文章发送给好友

申请 QQ 邮件订阅时，需要根据产品所在的领域来添加相应的板块。例如，做服装的可以订阅“穿衣打扮”板块；做美肤产品的可以订阅女性方面的板块；自明星、自媒体的可以订阅明星博客或与产品相关的板块。

4.8.3　发 QQ 群邮件

与 QQ 群一样，发 QQ 群邮件也应避免直接发广告。因为群主发现用 QQ 邮件骚扰群用户时，依然会移除你。做营销时为了避免失去资源，可以借助于文件来发送，如将文件上传至 QQ 群邮箱，只要群内用户下载文件就会看到信息；同时，还可围绕发送的文件与群友互动与交流，吸引群友主动添加你为好友，展开有效推广，届时就达到了吸引粉丝的目的，如图 4-19 所示。

图 4-19　QQ 群邮件“群文件”沟通页面

4.9　利用微信搜索——带动你的微信公众号一起飞

微信助手推出了微信搜索功能，是搜索的二级科目，并于 2014 年 06 月 09 日正式上线。用户通过该功能可搜索到微信公众号以及公众号的内容，如资讯、文章、新闻等，如图 4-20 和图 4-21 所示。

搜狗搜索

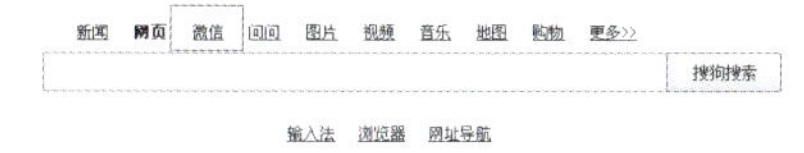

图 4-20　搜狗搜索栏目下的微信搜索

图 4-21　微信文章和微信公众号搜索功能

尽管与百度、谷歌这样的搜索引擎相比，还没有被用户广泛运用，但作为新兴的搜索工具也有许多优势。

4.9.1 精准搜索

微信搜索可实现搜索的精准化，便于微商推销时更容易把握用户需求，搜集准确的数据，如客户的迫切需求、在哪一地区登录。而这些信息都会成为商家提供个性化服务的参考，从而做到有的放矢地推送信息、设置关键词等。

以公众号搜索为例，商家可以设置一些关键词供用户搜索。为了实现更精准推广，还可利用人工回复，商家可根据用户搜索的内容进行回复。不过因耗费人力、财力过多目前运用得比较有限。

例如，输入关键词“会计”，便会出现与会计有关的公众号，如图 4-22 所示。

图 4-22　微信搜索到的“会计”公众号

4.9.2 多元化搜索

微信搜索除了搜索公众号外，还可以搜索文章、图片、视频等。以“美丽说”为例，在搜索工具栏输入这三个字，就会出现美丽说公众号推送的或者与美丽说有关的文章。用户点击文章即可阅读，获取自己所需的信息，如图 4-23 所示。

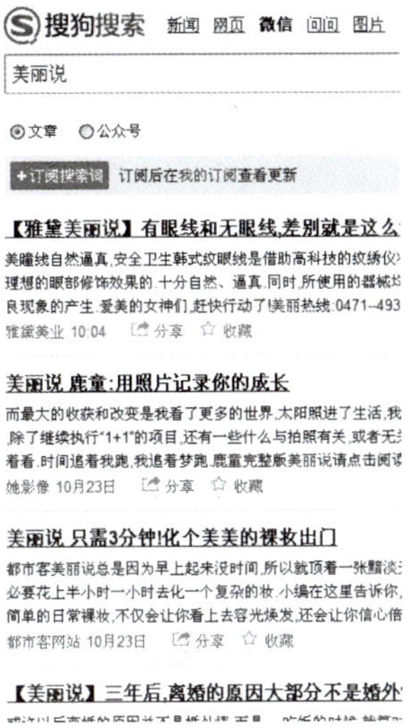

搜狗搜索 新闻 网页 微信 问问 图片

美丽说

文章 公众号

+订阅搜索词 订阅后在我的订阅查看更新

【雅黛美丽说】有眼线和无眼线,差别就是这么

美瞳线自然逼真,安全卫生韩式纹眼线是借助高科技的纹绣仪
理想的眼部修饰效果的,十分自然、逼真,同时,所使用的器械均
良现象的产生,爱美的女神们,赶快行动了!美丽热线:0471-493
雅黛美业 10:04 分享 收藏

美丽说 鹿童:用照片记录你的成长

而最大的收获和改变是我看了更多的世界,太阳照进了生活,我
,除了继续执行"1+1"的项目,还有一些什么与拍照有关,或者无
看看,时间追着我跑,我追着梦跑,鹿童完整版美丽说请点击阅读
她影像 10月23日 分享 收藏

美丽说 只需3分钟!化个美美的裸妆出门

都市客美丽说总是因为早上起来没时间,所以就顶着一张黯淡
必要花上半小时一小时去化一个复杂的妆,小编在这里告诉你,
简单的日常裸妆,不仅会让你看上去容光焕发,还会让你信心倍
都市客网站 10月23日 分享 收藏

【美丽说】三年后,离婚的原因大部分不是婚外

图 4-23 与“美丽说”有关的文章

就目前而言，微信搜索功能还非常有限，至今并没有一个完善的体系，但也并非停滞不前。依附微信这个强大的产品生态圈必然有着良好的发展前景，毕竟微信内部的分享环境是非常优秀的，已经实现了全方位的搜索应用。

微信内部搜索体系具体包括：对话搜索、交互搜索、关键词搜索、附近的人搜索和二维码搜索。

①对话搜索，即用户询问关注的问题，然后运营者给予回答。例如关注路况信息，发送询问路况的问题，对方给予相应的路况信息。

②交互搜索，即在公众号后台设置的回应相应字母、推送相应内容的功能。

③关键词搜索最为常用，即搜索某个关键词，获得相应的信息内容。

④附近的人搜索，在微信中有附近的人功能，该功能可以做附近用户的推广。当我们搜索附近的人时，会显示很多附近的人的头像和签名，将这些头像和签名当作宣传口号，能起到宣传的作用。

⑤二维码搜索相对更普遍，很多企业和微商将二维码印在宣传页或推送文章中，这样用户不用输入，只需要扫一扫即可进行关注。

4.10 线下活动——配合线上，给用户全方位体验

获取粉丝除了通过线上渠道之外，还可以结合线下活动进行。线下活动是指通过开展各式各样的促销活动引导粉丝参与，再通过一定的方式将他们转移到线上来。如线下扫描二维码送礼品活动，可有效吸引粉丝关注公众号，只要关注了公众号，便很容易转化为线上消费者。这样的运作模式，如图 4-24 所示。

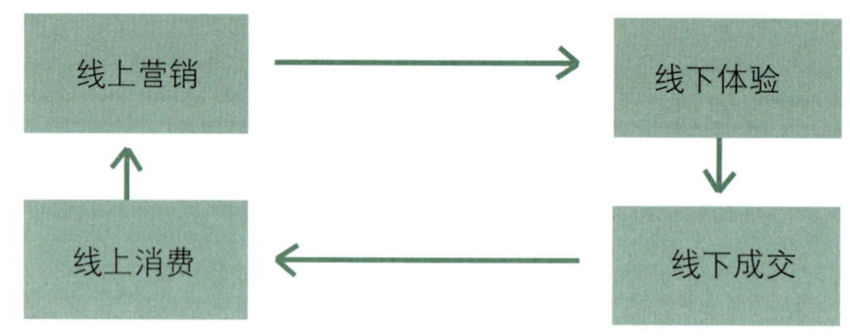

图 4-24　微商线下活动模式

这种模式在吸引粉丝上更直接，更有针对性，尤其是对那些适用范围较广的公众号。例如休闲娱乐、日常消费方面的，几乎每个人都是潜在客户。现在越来越多的微商已意识到线下营销对粉丝的重要性，开始寻求线上线下的结合。但如何将两者完美结合起来，才能达成最佳的效果呢？方法有很多，但以下四点是必须特别注意的。

4.10.1 要有利于用户直接搜索或添加

线下宣传是为了促进线上销售，引导线下消费者多多关注店铺。因此线下的一切宣传都要以有利于粉丝直接搜索为主，最好采用最直接的方式。比如，直接告诉大家搜索某个关键词或扫描哪个二维码，了解什么详情等，如图 4-25 所示。

4.10.2 要与线上宣传保持高度统一

线下宣传的东西要与网店、网站上的信息保持高度的统一。比如，国庆节期间，线下的“国庆优惠价格”与官方网站上的不对称，消费者看到后会是怎样的反应？他们可能会怀疑“这个网站到底是不是官网”，一系列的疑惑意味着用户

体验做糟了，其他再开展起来会很费劲。

图 4-25　带有二维码的线下宣传

4.10.3　宣传中突出关键信息

简洁有力的口号，突出公司名称、商标名、产品名，对产品的宣传、品牌的建立有重要意义，如图 4-26 所示。尤其是线上线下互通后，用户在线下得知某个品牌时会到线上搜索，这时大部人都是以在线下看到的公司名称或产品名称为基础的。如果广告中没有这些关键信息，用户很难准确关注到，这样所谓的线下宣传也就失去了意义。

图 4-26　带有产品信息的线下宣传

4.10.4 域名超级重要

无论是电视广告还是报纸杂志，最重要的是突出公司的网址。这就势必要求网站的域名够短，使大家能记住；而且最好不会产生任何异议；域名与公司名或公司名名高度统一，如域名就是公司名的拼音或者英文名缩写。

域名要尽量简明易记，便于用户输入，同时还要有一定的内在含义。在域名的挑选上可以根据自己网站的定位进行；同时 com、net、org 等域名在排名上相对而言具有很大的优势，一般 com 的域名更容易被大家接受。

第5章

如何做渠道？

——微信公众号推广技巧

做微商最重要的一个渠道就是微信。本章主要针对那些申请了公众号又不知道如何运营的朋友们，公众号如果不运营就是死号，也就起不到宣传的作用。因此，如何掌握微信公众号的运营和推广技巧是微商工作的重要内容。

5.1 打造一个成功的微信公众号

无论什么平台几乎都与微信实现了关联。也就是说，微信成了微商产品宣传和推广的必要途径。因此，微商做渠道最关键的一点就是打造成功的微信公众号，做好微信营销。

微信公众号是开发者或商家在微信公众平台上申请的应用账号，通过该账号商家可以在微信平台上实现和特定群体文字、图片、语音、视频的全方位沟通与互动，从而形成一种多维度的营销体系，如图 5-1 所示。

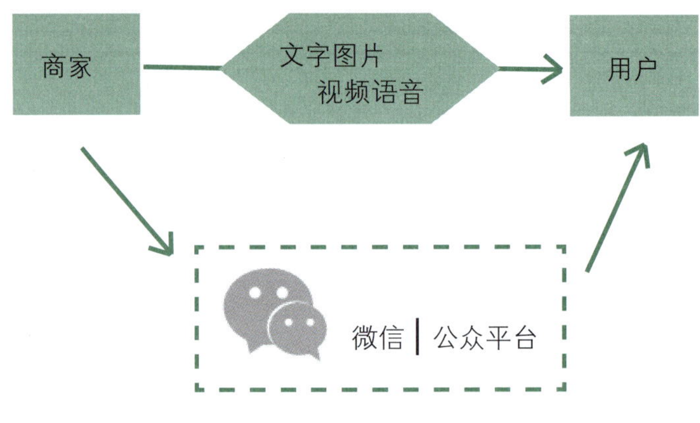

图 5-1　微信公众平台营销模式

一个好的微信公众号由以下部分组成，而只有同时把这个几个部分做到位，才能使公众号达到浑然一体的效果。

5.1.1 微信公众号名称设置技巧

一个好的名称容易给人以深刻的印象，便于用户马上记住，并与其他公众号区别开来。例如壹读、书香北京、草根金融家、IT 老友记等。如果你是个细心的人，就会发现凡是容易识别的公众号都遵循着某些规律，如可反映企业、产品的基本特性，能兼顾消费者的消费心理、消费习惯，或满足用户的求知欲、审美需求等。因此，商家在给公众号起名时要掌握基本的技巧和规律。

首先来了解下有哪些技巧，如表 5-1 所列。

表 5–1　公众号名称设置技巧

方法	优势	例子
直接命名法	便于用户直接搜索，可与企业名称、企业网站的名称形成统一的体系，提升在用户心目中的品牌影响力	天猫、杜蕾斯、俏江南
提问命名法	以“提问”形式出现，这类直白的表达方式告诉用户可以做什么、如何做，更容易获得用户的认可	今晚看啥？饿了么？
行业命名法	能更好地定位目标人群，寻找到目标客户	微法律、豆瓣同城、百度电影等
地域命名法	更有利地开展地域性较强的营销活动，同时也可让本地的用户更有亲切感	客家圈
形象取名法	用拟人、比喻等手法，可将企业或者产品形象化、具体化	爱篮球、我爱 PPT、欣欣旅游
功能命名法	明确产品的功能，帮助用户迅速从众多公众号中筛选出所需的号，效率高、定位准	91 金融、微媒体网、北京 TVart 培训
交叉命名法	纵向和横向交叉，即在相对统一的前提下，添加不同的前缀和后缀，以示区别。这种方法多用于业务多元化、产品多样化的大型集团型企业，如欧莱雅、京东、中信银行等	①欧莱雅以企业部门为基准，设有欧莱雅专业美发部、欧莱雅招聘、欧莱雅 ACD（内部员工服务）等； ②京东服务类型不同，设有京东图书音像、京东白条、京东到家、京东通信、京东招聘； ③招商银行按照地域不同旗下有招商银行信用卡——北京、招商银行信用卡——郑州、招商银行信用卡——南京等
相似命名法	结合时下最流行、最受大众欢迎的公众号，模仿其局部进行命名	滴滴打人（滴滴打车）

取名技巧有很多，可以说需求不同，其方法也会不同。但有些东西是不能触碰的，不管采用什么方法，都不能犯忌讳。这里总结出微信公众号取名的三大忌，分别如下。

（1）避免群体性词汇

群体性词汇是指意义比较宽泛、没有特定指向的词语。不但无法显示出平台的专业性，还无法显现自己的特色，进而准确锁定客户。例如，“×× 美食”“×× 服饰”，类似这样的词语作为公众号名字就不太好。

（2）避免用生疏、冷僻的词汇

用户关注公众号基本上都是以搜索为主，如果微信公众号名称所用词语生僻，那么很难被搜索到，也不会引起注意。如“知了树”这个微信公众号，在搜索时没有明确的关键词，用户很难对其进行定位。

（3）不要违背消费者的心理

有些商家给公众号起的名很好，却因不符合消费者的心理无法引起人们的关注。例如，一家专门提供夜宵的餐馆有个名叫“深夜谈吃”的公众号。夜宵定位在晚上很合理，但定位在深夜就不合适了，因为深夜是休息时间，谈吃令人很反感。尤其现代人十分关注养生和健康，深夜谈吃终归不合适。

5.1.2 微信头像和欢迎语的设置

当用户关注某个公众号时，首先映入他们眼帘的是该号的头像和欢迎语。因此，设置耳目一新的头像和别具一格的欢迎语，对于增强粉丝体验、增加粉丝黏性非常重要。

化妆品欧诗漫公众号的头像为其 Logo，欢迎语为：“感谢您对欧诗漫的关注，准备好迎接您发光的那一刻了吗？选择欧诗漫，一起成为会发光的女人吧！”欧诗漫是一款针对女性的化妆品，它的欢迎语属于引导型的，即利用明星效应引导用户加入进来，促使用户产生购买之心，如图 5-2 所示。

图 5-2 欧诗漫美如珍珠头像和欢迎语

很多用户会因为第一印象的好坏而决定是否继续关注一个公众号。因此，商家必须重视对头像和欢迎语的设置。

头像的设置通常在申请公众号的同时进行，系统会提示用户输入昵称并上传头像，如图 5-3 所示。也可以在申请完成后进行修改，如图 5-4 所示。

图 5-3　设置公众号头像界面

图 5-4　更改微信号头像界面

欢迎语可以是系统自定义，也可以是商家自行设置。不过还是自行设置效果更好，商家可以根据自己的需求任意进行。

欢迎语的设置是在微信公众平台后台完成的，具体操作步骤为：登录公众平台管理后台→点击“高级功能”→“编辑模式”（点击右上角启用该功能）→点击“被添加自动回复”进行编辑→点击“保存”即可，如图 5-5 和图 5-6 所示。

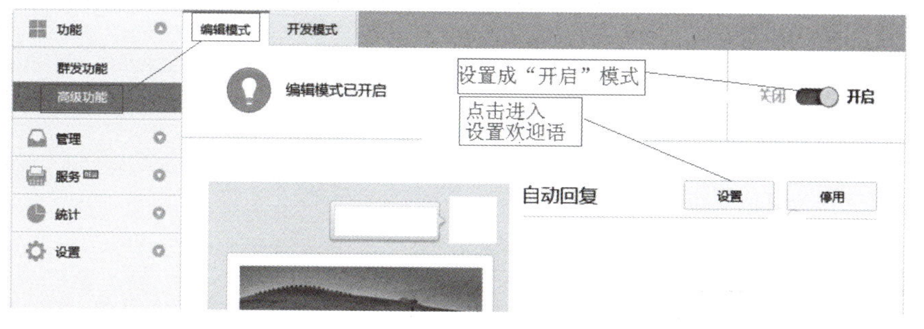

图 5-5　欢迎语设置步骤一

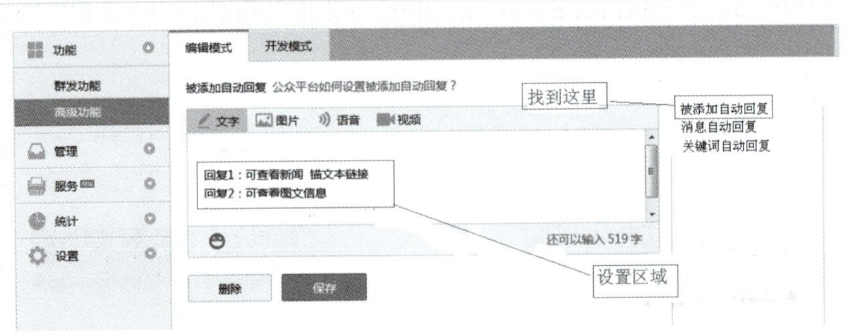

图 5-6 欢迎语设置步骤二

5.1.3 关键词的设置

当用户添加公众号后，商家需要主动与对方互动。如果用户众多，人工无法做到及时回复，就需要设置自动回复。微信公众平台有自动回复设置功能。

自动回复是公众平台的主要功能之一，集趣味性与个性化于一体，不仅能够达到低成本互动的目的，同时还可以通过个性十足的回复打造有创意的公众号。以“中华会计网校”为例，它就在自动回复上花了不少心思：用户只需回复相应的关键词，即可获取所需的信息，如图 5-7 所示。

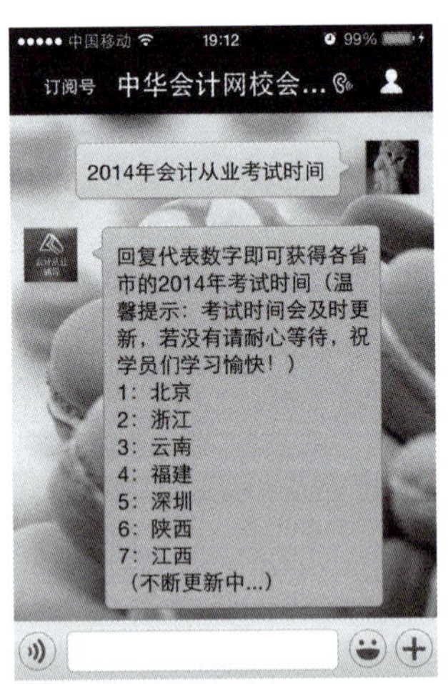

图 5-7 中华会计网自动回复界面

关键词设置步骤与欢迎语设置步骤一样，不同的是需要更改自动回复类型，将“被添加自动回复”更改为“关键词自动回复”，如图 5-8 所示。

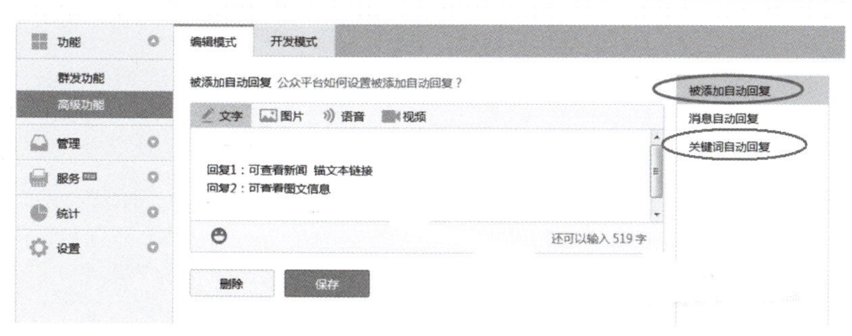

图 5-8 关键词自动回复设置示意图

5.2 如何选择订阅号和服务号

微信公众号可以分为订阅号和服务号两大类，订阅号主要是为用户提供信息和资讯，如央视新闻、骑行西藏；服务号旨在为用户提供各类服务，如招商银行、中国南方航空。随着业务和服务一体化趋势的增强，也有很多企业同时开通两个号，如大众点评，如图 5-9 所示。

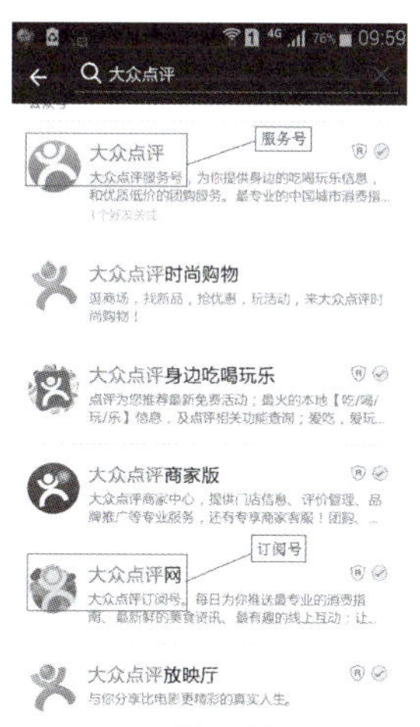

图 5-9 大众点评网双号运营

大众点评采用双号运营，订阅号“大众点评网”主要推送吃喝玩乐资讯，进行秒杀、抢购；服务号“大众点评”则主要提供在线服务及热门促销，例如订酒店、找美食、看电影等。

两种账号的类型不同，使用者可根据自身的需求情况来选择，具体可依以下三点而定。

（1）根据使用者的主体而定（如图 5-10 所示）。

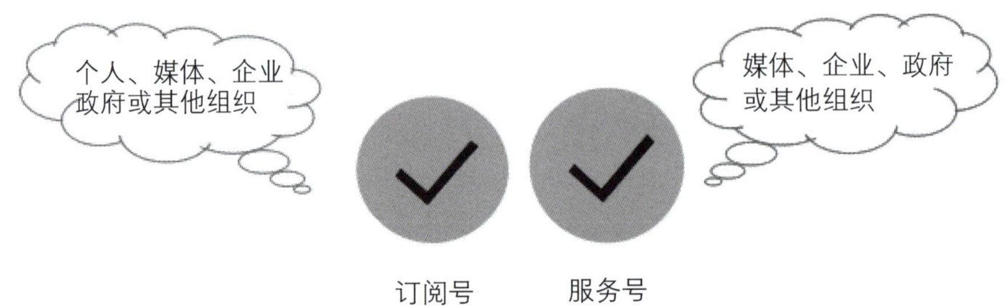

图 5-10 订阅号和服务号使用者的差异

由上图可知，如果是注册企业，可选择订阅号或服务号，或两者同时选择；如果是个体微商，只能选择订阅号。

（2）根据产品性质而定

顾名思义，订阅号是以提供信息为主，服务号是以提供服务为主。如果你经营的是有形产品，以向用户提供各类信息为主，最好选择前者；如果你经营的是无形的服务，注重用户体验，则最好选择后者。仍以大众点评为例，如图 5-11 和图 5-12 所示。

图 5-11 大众点评网订阅号

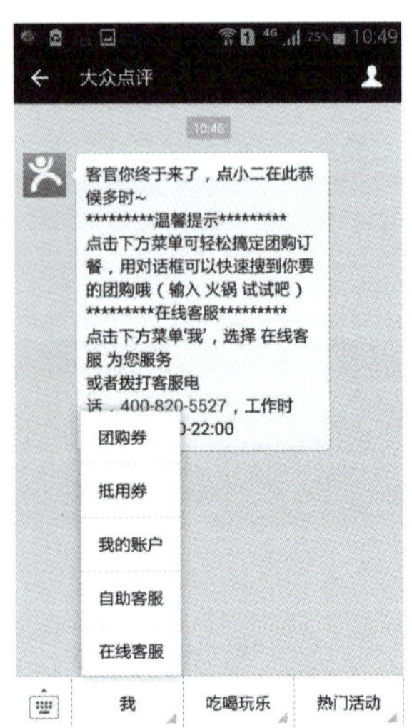

图 5-12 大众点评网服务号

(3) 根据用户需求而定

服务号最大的优势是可申请自定义菜单，用户关注后会显示在对方的通讯录中。只要有发送信息，用户就会收到并获得系统即时提醒，发送的信息也会显示在用户的聊天列表中。

订阅号则正好与服务号相反，不支持申请自定义菜单。用户关注后不会显示在通讯录中，订阅信息显示在订阅列表中，系统不会即时提醒。它最大的优势是每天都可群发信息（1 条），这比服务号每月群发 4 条的量要大得多。

两者的不同，如表 5–2 所列。

表 5–2　订阅号与服务号的不同

类别／类型		订阅号	服务号
用户关注后的情况		不会显示在用户的通讯录中	会显示在用户的通讯录中
商家发送的信息		不会显示在订阅列表中	会置于会话列表顶端
消息显示方式		系统不会即时提醒	系统会即时提醒
功能	发送次数	1 条 / 天	4 条 / 月
	自定义菜单	不支持	支持
	高级接口权限	暂不支持	支持

因此在两种账号的选择上，商家需要根据用户的实际需求而定。如果需求比较集中可选择订阅号，如果需求比较少可选择服务号。

5.3 微店与微信如何链接

微店与微信之间不存在必然的联系，但微信作为微店的主要入口，在扩大产品宣传、吸引用户以及提高用户购物体验上起着重要的作用，因此，微店与微信相连是做好微商的关键一步。

值得注意的是，不同平台上的微店链接方式不同。下面将介绍有代表性的两种，微信小店和淘宝微店的绑定方法。

5.3.1 微信小店

① 登录微信网页版，点击“公众号管理”，进入公众号绑定页面，如图 5-13 所示。

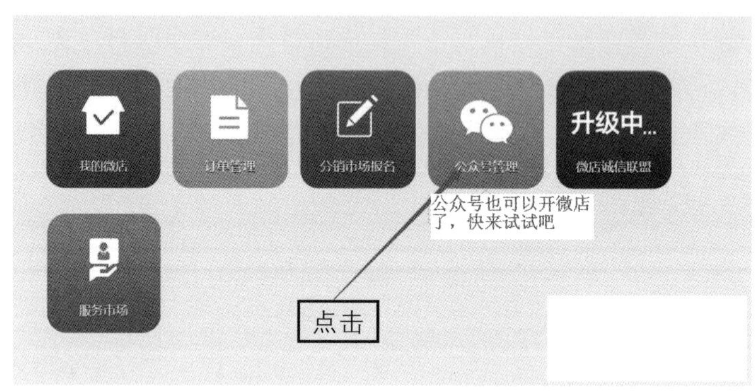

图 5-13 微信网页版页面

② 微信公众号的绑定：在微信公众平台里面添加管理员微信账号，先点击“设置安全保护”，再点击“安全保护”，进入微信公众平台设置页面；点击“安全中心”，点击管理员微信号右边的“详情”，进入绑定管理员微信号界面，最后点击“绑定管理员账号”即可。

③ 微信公众号的验证：进入微信号安全管理，选择“选择验证方式”，点击“下一步”；返回手机验证界面，输入验证码，点击“下一步”；回到微店页面，点击“绑定微信”。操作流程依次为：选择验证方式→下一步→账号验证→下一步→输入验证码→下一步→绑定微信号→下一步，如图 5-14 所示。

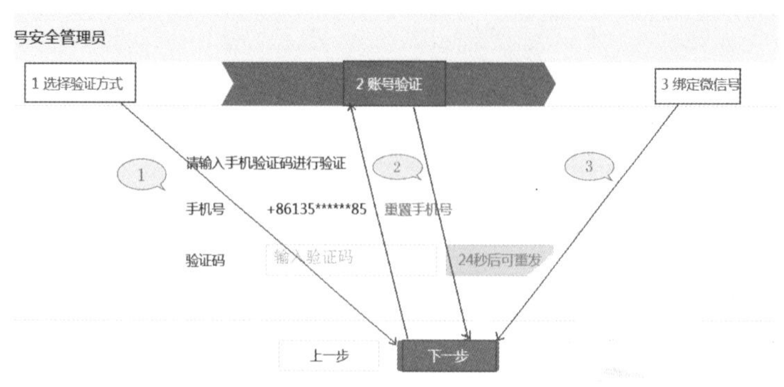

图 5-14 淘宝小店与微信相连设置步骤

5.3.2 淘宝微店

① 进入商家后台管理后，依次按照以下操作进行："服务管理"→"我的服务"→"微信公众号服务"→"微信绑定"，同时要记下微信 URL 和 Token，如图 5-15 所示。

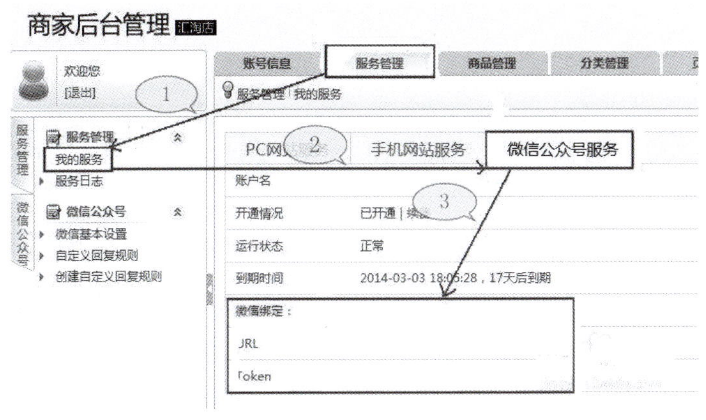

图 5-15 淘宝微店与微信相连设置步骤

② 登录微信公众平台，点击此处登录。登录后选择"功能→高级功能→开发模式"，如图 5-16 所示。

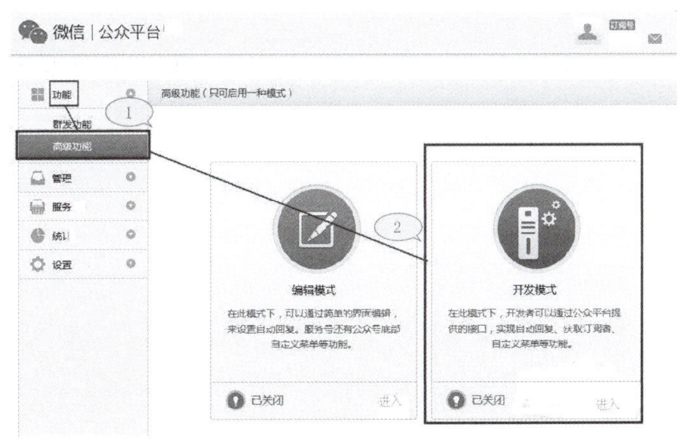

图 5-16 淘宝微店微信开发模式设置

③ 进入开发模式后，进入接口配置信息页面，将刚才在后台记录的 URL 和 Token 信息填进去，点击"提交"按钮，如图 5-17 所示。

图 5-17　淘宝微店微信接口配置信息页面

值得注意的是，你若尚未成为开发者，必须先点击“成为开发者”按钮。成为开发者后，进入接口配置信息页面，将刚才后台记录的信息填进去，点击“提交”按钮，如图 5-18 所示。

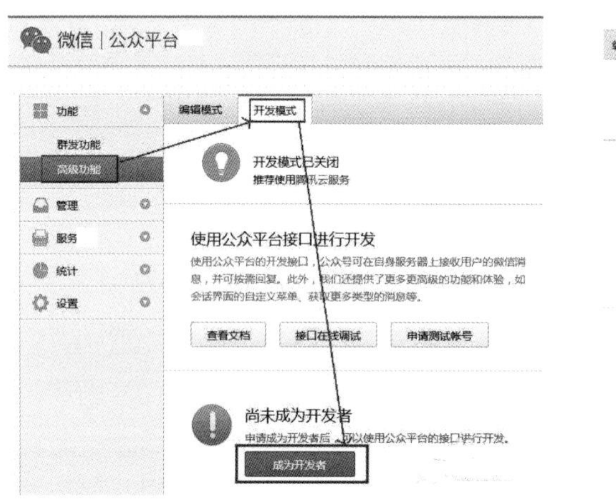

图 5-18　完成开发模式设置

图 5-19　可对开发模式进行修改

若之前已经成为开发者，则点击“修改”按钮修改接口信息即可（修改后之前的功能会失效），如图 5-19 所示。

5.4 微信推送内容写作要点

微信公众平台是信息交换的媒介，主要通过定期或不定期地向用户推送信息来运作。所以当拥有一个微信公众号后，接下来的重点工作就是编撰内容，即解决向客户推送什么、如何推送的问题。

5.4.1 微信内容推送的四种形式

利用微信来吸引粉丝、开拓渠道，最关键的一步是做好内容。微信内容主要分为文字类、图片类、声音类、视频类，如图 5-20 ~ 图 5-23 所示。

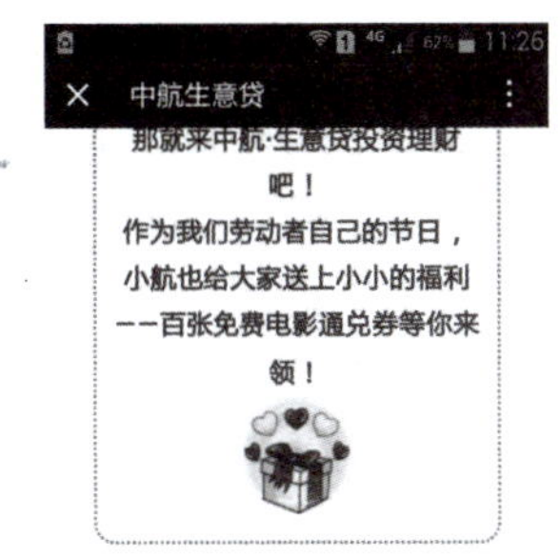

图 5-20 文字内容信息推送

图 5-21 图片内容信息推送

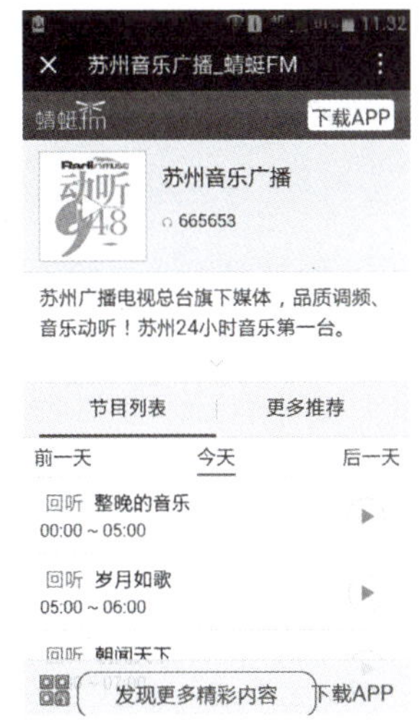

图 5-22 语音内容信息推送

图 5-23 视频内容信息推送

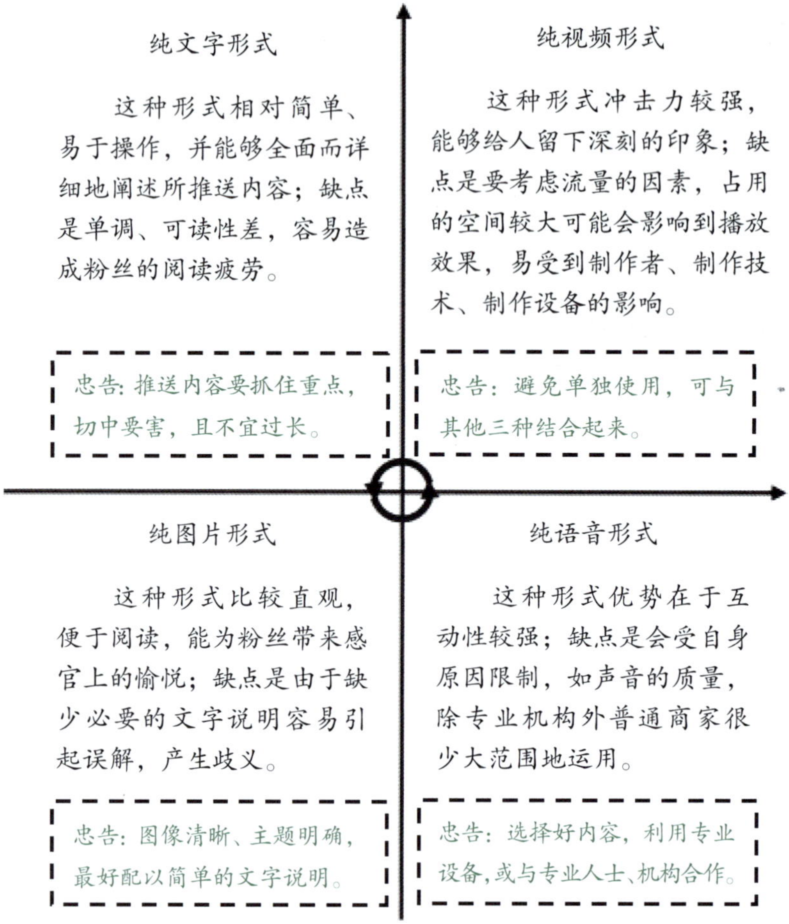

纯文字形式

这种形式相对简单、易于操作，并能够全面而详细地阐述所推送内容；缺点是单调、可读性差，容易造成粉丝的阅读疲劳。

忠告：推送内容要抓住重点，切中要害，且不宜过长。

纯视频形式

这种形式冲击力较强，能够给人留下深刻的印象；缺点是要考虑流量的因素，占用的空间较大可能会影响到播放效果，易受到制作者、制作技术、制作设备的影响。

忠告：避免单独使用，可与其他三种结合起来。

纯图片形式

这种形式比较直观，便于阅读，能为粉丝带来感官上的愉悦；缺点是由于缺少必要的文字说明容易引起误解，产生歧义。

忠告：图像清晰、主题明确，最好配以简单的文字说明。

纯语音形式

这种形式优势在于互动性较强；缺点是会受自身原因限制，如声音的质量，除专业机构外普通商家很少大范围地运用。

忠告：选择好内容，利用专业设备，或与专业人士、机构合作。

5.4.2 常见的组合形式

在实际运用中，这四种形式很少会单独出现，一般都是两个或两个以上相组合，如文字 + 图片、声音 + 视频 + 文字等。接下来将介绍如何有效地整合这几方面的要素，从而将最高品质的信息内容呈现给用户。

（1）文字 + 图片

文字信息应与图片信息配合使用，以达到图文并茂、事半功倍的效果。这种形式又分为以图片为主和以文字为主两种形式，如图 5-24 和图 5-25 所示。

图 5-24　以图为主，文字为辅的内容推送

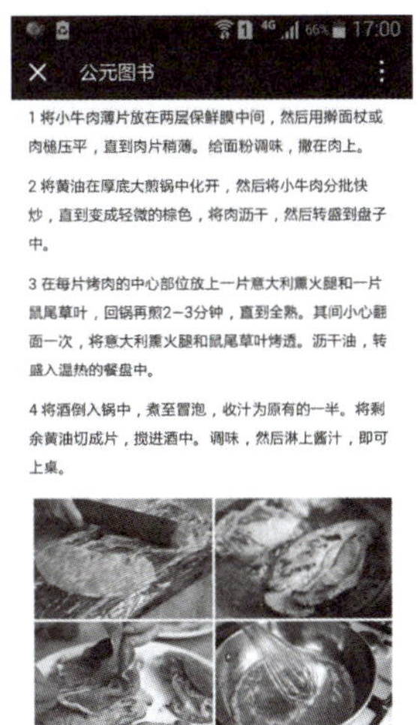

图 5-25　以文字为主，图为辅的内容推送

那么，微商该如何向用户推送这类信息呢？对于个人来讲，可直接利用微信拍照并上传。对于企业来讲，可按照以下操作进行：登录微信公众平台后台，点击左边的管理列表下→“素材管理”，然后在右边显示框内会跳出“素材管理”界面→选择“图文消息”，即可在后台进行图文消息的管理，如图 5-26 所示。

图 5-26　微信公众号图文消息管理界面

图文消息管理界面分为上方搜索栏和下方添加素材栏，用户通过在搜索栏中输入素材的标题、作者或摘要信息，就能立刻找到目标素材进行后续管理，使用起来非常便捷。将光标移动至下方的素材添加栏上方，悬停片刻会出现“单图文消息”和“多图文消息”两个选项，如图 5-27 所示。

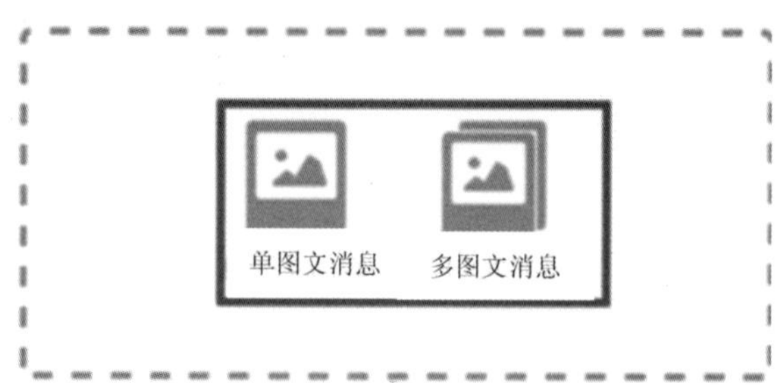

图 5-27 “单图文消息”和“多图文消息”选项界面

注意，这里的图文消息还细分为“单图文消息”管理和“多图文消息”管理。“多图文消息”管理界面与“单图文消息”管理界面不同，主要表现在：“多图文消息”管理界面加了“增加一条”功能，最多可添加七条图文消息，而且可以通过各种组合为用户提供范围更广、选择更多的信息。两者的区别具体如下。

两种推送方式各有特点，各有优势。“单图文消息”在于精简而不简单，如果着重于推送单一主题的信息，则建议选择这种方式进行推送，以便客户能聚焦注意力。“多图文消息”在于繁复而不复杂，如果推出的是一系列套餐活动，则建议选择这种方式进行推送，以便给予客户更多的选择。

（2）语音 + 视频 + 文字

语音、视频的上传也和文字、图片一样，有个人版和企业版。个人版可以在微信上直接上传，这种形式多见于明星、政客、媒体等公众号。例如，明星建立的公众号会在节日前向粉丝推送语音祝福、录一段视频、写一张贺卡等，以增加自身的人气。企业版则要先登录微信公众平台再操作。

相较于图片和文字信息，语音更加生动活泼，能够在声情并茂的基础上给粉丝以深刻的听觉感受，而且蕴含的信息量更大。微商可以采用这种方式进行营销，例如在新产品上市时向用户推送产品代言人的语音信息，利用粉丝效应打响第一炮。

目前最典型的就是大家热衷的微信小视频，由于微信带有自动录制功能，使用起来非常方便。很多微商会利用这个功能自制 MV、视频发至微信群、朋友圈等，获得不一样的效果，如图 5-28 所示。美中不足的是微信小视频时间过短，因此展示的信息十分有限。

图 5-28 朋友圈的微信小视频

5.5 植入软文——打通广告散布通道

目前，几乎每个人的朋友圈、微信群里都充斥着大量广告。这些广告大都质量不高，但却被大量、频繁地发送，有的还强制性让用户观看，对用户造成极坏的影响。结果是只要一提到微信广告，很多人就会产生抵触心理，这对微商的发展是极为不利的。

为了减少用户对广告的抵触，微商必须改变自己的营销策略，避免发送无用广告、无效广告，以便给用户营造一个良好的购买空间。那么如何来达到这一效果呢？即在推送的信息中植入软文广告，让用户在体验中接受你的推销。

软文广告又叫软文营销，是指通过特定的概念诉求、以摆事实讲道理的方式使消费者走进企业设定的“思维圈”，以强有力的针对性迅速攻击消费者心理以实现产品销售的文字模式。这种模式是传统营销中惯用的方式和手段。微信营销热起来之后，如何在微信中合理植入，才能让用户乐于接受成了微商最关注的一件事情。

5.5.1 掌握软文的写作技巧

（1）紧扣主题

软文作为推送内容的一种宣传工具，在写作的时候必须紧扣主题，与自己销售的产品有关。写出来的软文要让粉丝看明白主题是什么，针对什么而言的。

例如，做面膜的微商可以撰写与美容相关的软文；销售酒的微商软文中就必须要有酒的内容；“如何把产品通过网络销售出去”这篇文章的切入点就是“网络销售”，理解起来就很容易。

（2）标题要能吸引粉丝的兴趣

你的粉丝同时也是别人平台上的粉丝。因此，谁发布的内容能最快吸引他们的眼球、激发他们的阅读兴趣，他们就会倾向于谁。要想同时达到这两种效果，首先必须要把标题写好。

例如，北京总攻略微信公众平台有一篇文章叫作“让你终身不发火的 6 个字！”。粉丝看到这样的标题后会有一种“到底是哪 6 个字不会让我发火呢”的疑问，当粉丝产生这样的疑问时，自然就会想点击查看该文章，那么，平台也就成功地吸引了粉丝的注意力。

（3）能解决粉丝心中的问题

通过标题吸引了粉丝的注意后，内容也必须要满足其需求；否则，即使凭着标题吸引过来，也会瞬间取消关注。因此，最核心的内容就是能解决一部分粉丝心中的困惑、遇到的问题。

例如，中华会计网微信推出这样一篇文章，叫“会计从业资格考试口诀，有了之后逢考必过”的题目，这对会计从业人员或准备献身于会计事业的人员非常有吸引力；而且，其内容也详细阐述了要怎样做才能达到“逢考必过”的效果。

（4）避免有炒作的嫌疑

既然是软文，就要特别注意一点，如果是宣传个人、公司、产品，那么文章的作者一定不能和他们有任何的联系，不然容易被读者看成是炒作。

如果你写一篇“2008年中国十大网络美女”，而且十大美女当中就有自己，那么这篇文章就有炒作的嫌疑。

（5）内容要实用

内容是软文写作的核心、灵魂，所以写好软文最重要的一个技巧就是把内容写好。通常来讲，内容要遵循三个特点：实用、创意、易懂。

所谓实用就是你写的文章对读者来说有用处，能够给读者带来帮助。文章不必追求辞藻的华丽，关键是能够给读者带来什么价值。

所谓创意就是文章比较新颖、让读者眼前一亮，这样容易引起读者的好奇心。

所谓易懂就是文章写得不要太高深、咬文嚼字，让读者明白你写作的意思就行了。

5.5.2 把握最佳时机，找到合适的切入点

（1）以故事为切入点

以故事为切入点就是给粉丝讲个故事，通过故事引出所推销的主题。关于故事你可以讲企业故事、品牌故事、产品故事，以及某个特定的故事等，目的就是丰富内容，引起用户的阅读兴趣。

例如，维也纳酒店公众号上曾推送过一篇以“一名匿名会员的来信”为切入

点的文章，通过该会员与男朋友发生的一件糗事来引出维也纳酒店的优惠活动和优质服务，如图 5-29 所示。

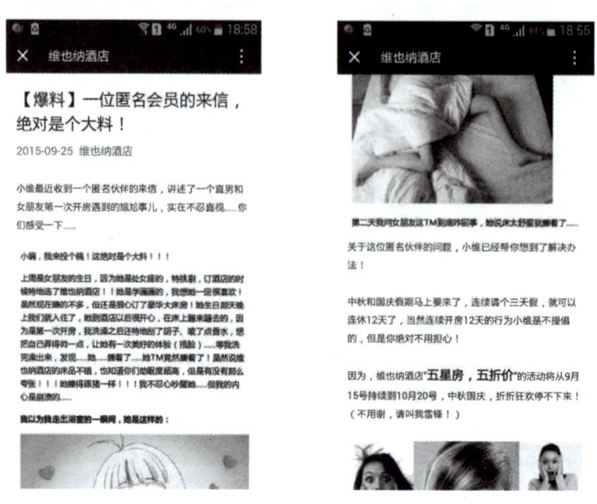

图 5-29　维也纳酒店推出的软文

（2）以节假日为切入点

很多人向自己至亲至爱的人表达内心的感谢之情时，总有点腼腆和羞愧。如果企业在推销时能够以此为切入点，则会很容易受到这部分人的关注。例如，以节假日、纪念日为切入点，“打通”用户的心，营造特定的话题，就可谓一箭双雕。

例如，京东商城曾在母亲节利用大家对母亲的感情带动营销。

（3）以笑话、段子为切入点

想必看过 80 后脱口秀的朋友们都知道，段子不仅幽默、有趣，而且好玩。如果能够把广告植入段子里，相信一定会让大家开怀大笑的同时自然而然的接受广告。当然了，植入的段子要与企业有关，例如将产品、企业品牌、企业文化等充分融合到段子中。

曾有一段时期，关于百度的段子比较火。白娘子受伤现了原形不知所终，许仙狂奔到西湖边找到当年的船夫，急切地问：“快告诉我娘子在哪里？我娘子在哪里？”船夫一脸茫然：“我，我不知道……”许仙发疯似的紧紧掐住船夫：“你是摆渡你不知道?!”

（4）以社会焦点、热点话题为切入点

在互联网下，任何一个人物、事件、物体都可能掀起讨论热潮，成为热门话题；

同时，以此话题为中心，在微博、论坛、讨论版上进行讨论后，形成 ×× 体或是某种段子形式的语句。

例如，2015 年 5 月间，刘翔正式宣布退役，结束自己的运动生涯。当时很多商家在微信、微博上借机玩了一把营销，各种营销文案层出不穷，包括耐克（今天，让我们向这个改变世界的平凡人致敬）、天猫（换个跑道继续飞）、可口可乐（拼搏 19 载，跨越障碍无数，为努力过点赞）、杜蕾斯（我的跑道！我的栏！ just 杜 it！）、一加手机（穿过一栏又一栏，人生路漫漫，一起飞翔）等，如图 5-30 所示。

图 5-30 天猫以“翔”字做的图片

总之，进行软文营销植入要注意方式方法，既要达到吸引用户的目的，还不能引起用户反感。任何软文植入的营销办法只要能够达到用户点击率提升、用户黏性和忠诚度增强或者仅仅是树立了企业的名号都是成功的，切记不可操之过急。

5.6 如何解决渠道危机——“掉粉”

随着微信在商业活动中大范围地运用，微信营销也遇到了一个非常严重的事实——掉粉。添加关注很容易，让用户持续关注却很难。很多商家采用各种优惠活动、抽奖等方式引导用户关注，但大部分人在获取了优惠或奖品之后转头就会取消对该公众账号的继续关注，甚至因对后续推送的内容感到厌烦而加入黑名单，这对于商家而言纯属“花钱不讨好”。

5.6.1 为什么会掉粉

那么，为什么会掉粉呢？其实这与商家自身的不良行为有关。接下来就盘点一下哪些行为是不受欢迎的。

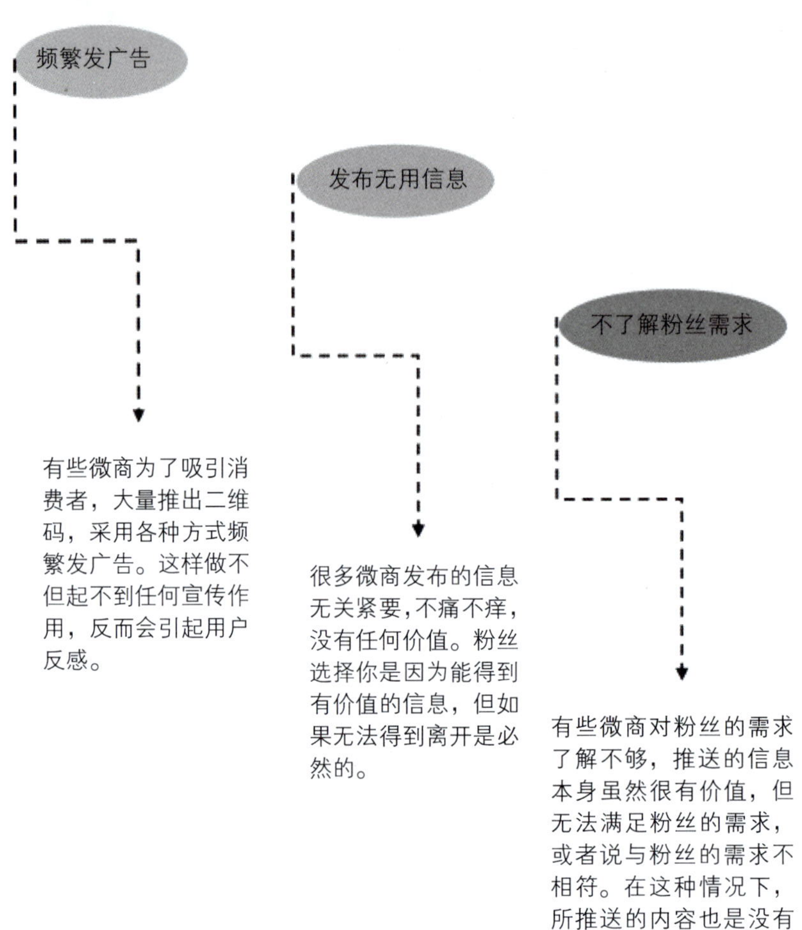

微信号重在运营，开始时吸引用户容易，要想持续吸引却很难。这就需要和用户建立利益关系，并持续推送有价值的信息，为用户提供实际价值。一般来说，只要能够避免以上几种情况，多数粉丝都不会无故取消关注。

5.6.2 如何解决掉粉的问题

上文已经对掉粉的原因做了分析，那么接下来如何解决掉粉的问题呢？一般来说 我们做好以上几点就不会被用户取消关注，但是也有更多的办法让用户留下来。例如，跟用户保持互动，定期举行一些有奖竞猜及送小礼物的活动。很多公众号都采取了在用户购买之余再额外赠送礼品，或者定期举办酬宾活动，这些对于维护老用户是非常实用的方式。总之，要想解决掉粉问题，关键还是为用户提供价值，吸引他们留下来。

【案例】

深圳海岸城曾采用了微信公众号促销法，用户扫描二维码关注公众号后，便会得到一个电子会员卡。持有这个会员卡可以享受特殊优惠，并且能够参与商家特定的打折活动。

成为会员对于一般用户来说，心理上都会有一种优越感，甚至会产生自己也是企业一员的感受。正因为有一定的特权，所以很多用户不会取消关注。深圳海岸城的会员卡除了提供一般用户没有的特权外，还可以享受会员折扣，对于用户来说确实是个不小的诱惑。

【案例】

Feekr 旅行公众号将自己定义为小众旅行信息聚合平台，每段时间会定期推荐小众特色、人少好玩的旅行地。其中，有一个纠错游戏，“你找茬，Feerk 送明信片”。目的是吸引更多的消费者关注公众号，即只要是给 Feekr 公众号内容提供纠错信息的用户，均有机会收到 Feekr 寄出的明信片，如图 5-31 所示。

图 5-31　Feekr 旅行每期纠错界面

对于许多热爱旅行的朋友来说，收到一张从世界的某个地方寄送来的明信片，而且明信片上是自己一直以来想要到达的旅行地，想想都是很浪漫的事情。所以，一定会有很多用户因此成为 Feekr 的死忠粉。

5.7 处理好与客户的关系——CRM营销

CRM即用户关系管理，是指企业利用计算机自动化分析销售、市场营销、客户服务以及应用等CRM软件系统来管理与客户之间的关系，以达到提高客户满意度、忠实度，缩减销售周期和销售成本、增加收入、扩展业务渠道的目的。

有人将这个理念引入微信营销中，因此才有了微信CRM这一说。CRM的引入使微信营销与用户间的联系更为紧密，也能够方便、及时地为用户提供一对一的沟通和服务。一般来说，微信CRM系统包括六大组成模块，即用户管理、服务管理、营销管理、微信呼叫中心、会员门户、统计报表。

该模块主要是微信CRM对用户信息进行分类管理，建立用户的基本信息档案，针对微信公众号已有的粉丝，获取其个人信息并导入微信CRM以方便进行管理。

微信不是营销，而是用户服务。所以微信更方便和用户一对一进行沟通，准确了解用户需求，用户也能够随时随地进行反馈。微信CRM开通了用户服务接口，可以24小时对用户请求进行应答和回复。

营销管理

微信虽然被定义为不是营销工具，但并不是不能做营销，而是要有所节制、掌握“度”，天天推送信息很可能被取消关注。在微信CRM营销管理模块中，推崇的是建立拉锯式营销，而不是不加节制的轰炸式推送信息。用户可以主动扫描二维码进入企业的营销活动页面。

微信呼叫中心

微信 CRM 呼叫中心模块具有多语言的特性，许多微商们都会寻找声音甜美的客服。呼叫中心可以进行一对一主动发起语音通话，同时也能够通过这种形式进行邀约用户。

会员门户

会员门户的主要功能是 Oauth2.0 授权接口，可以通过连接网页进行门户设计，同时也可以接入微信 CRM 的用户管理模块，形成会员门户 + 微信 CRM 的完整管理体系。陈坤的公众号便是最好的案例。

统计报表

统计报表主要进行统计新增用户，新增流失对比分析。另外，微信内容的到达、阅读量、分享转发数据均可以在微信 CRM 中生成统计报表。

微信营销之所以比传统营销更便利、更容易被认可，就是因为 CRM 的介入能够使营销活动与用户实现最直接的对接。

南方航空是 CRM 成功应用的典型，目前已经成功将所有与乘客有关的乘机服务搬到微信上，真正实现了线上线下的联合运作。这样不仅能够提升南航的服务质量，同时也为乘客提供了较高的体验以及满意度，南方航空微信向导服务如图 5-32 所示。

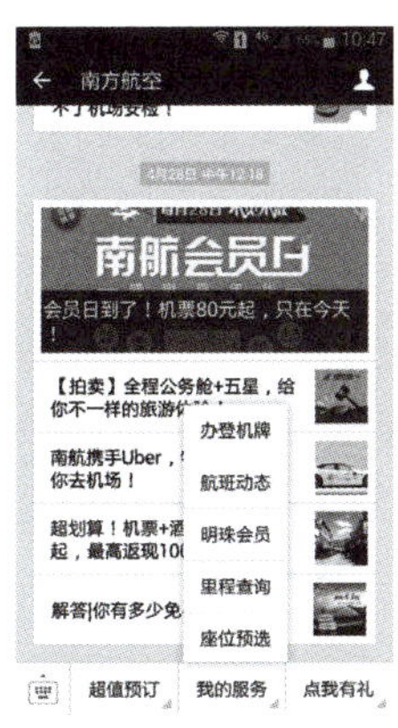

图 5-32　南方航空公众号服务信息界面

微信 +CRM 是一种新的营销模式，具有很多优势，然而其局限性也是存在的。因为在真正的执行中，并不是将用户资源移到微信上那么简单，就像南航需要一个强大的技术力量和服务资源的支持，如有专门人员进行集中管理及维护；同时，也会受到一些客观条件的限制，如有些企业自身提供服务的能力不够，这是实施的基础。另外，对客户数据的分析程度等，CRM 的运用是建立在对数据科学、精准分析的基础上，如果没有这个前提，就无法更好地运用。

5.8 线上体验，做好体验营销

随着消费理念的转变、消费心理的差异化，消费者对服务的要求也越来越高。这是一种需求的转变，而体验营销的出现便是这种需求急需满足的直接体现。体验营销就是通过为消费者提供全方位的服务及感官上的体验，从而诱导顾客尝试并增强消费者的忠诚度。

体验营销重在体验，重在情感带动。因此在实施时，需要真正做到以人为本，以消费者为核心，认真把握消费者的心理特点和规律、研究消费者的状况。然后在此基础上精心设计、定位和传播，利用一定的手段，如传统文化、现代科技，或其他手段增加产品的体验内涵，给消费者感官上带来强烈的震撼。

体验营销的流程如图 5-33 所示。

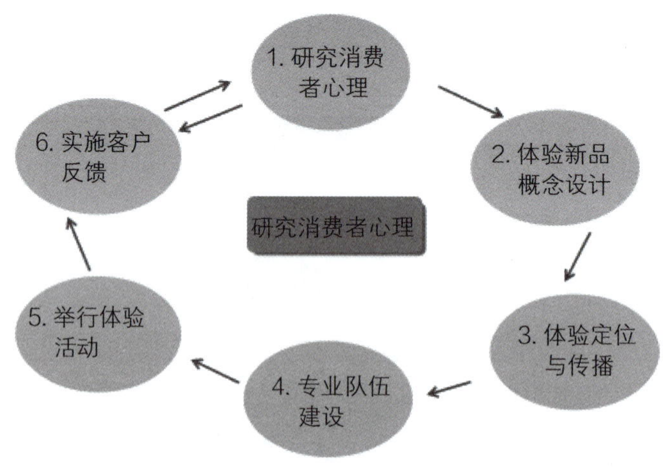

图 5-33　体验营销实施流程图

以上几个流程是实施体验营销的最基本步骤，营销策划人员在具体的实践中必须严格操作。一个完美的、多维度的体验活动对营销的促进作用是非常大的，主要表现在以下三个方面。

① 体验营销在新品设计和措施改进方面充分考虑了不同消费者的消费习惯、消费感知，有助于消费者现场感受新品、新品衍生产品的功能，还能体验到产品赋予的独有品牌文化、情感因素。

② 将通过信息化手段整合各方面的运作，陆续打造丰富的体验营销活动，使商业公司、零售终端、消费者之间有机地结合起来。

③ 在影响力方面，以特有的元素满足消费者的个性化需求，创造新的体验价值，从而可以吸引越来越多的消费者。

第 6 章

有哪些营销工具?

——利用不同工具推广产品

工欲善其事，必先利其器。营销需要行之有效的工具，通过这些工具把产品和品牌信息传递给用户。本章节将为大家一一介绍微商营销所需的工具，微商朋友们可以通过这些工具建立自己的渠道，将产品推向市场、推向消费者。

6.1 工具一：微信类

6.1.1 微信群

微信群是微信推出的一个多人聊天服务平台，通过邀请微信内的好友而形成的一个相对封闭的小圈子。群内好友可通过网络快速发送语音、视频、图片和文字，还可共享图片、视频、网址等。

微信群最大的好处就是可以进行一对多的沟通，而且是基于熟人关系，沟通效率非常高，大大减少了沟通的盲目性。这为微商能够进一步宣传和推广产品提供了很好的平台，是微商进行微营销不可忽略的渠道。

（1）微信群的特点

每个平台都有其独到的特点，微信群也不例外。微商要想借助于微信群做推广，前提是必须了解它的特点，如图 6-1 所示。

微信群的特点

共同性	群像一个部落，聚集的是一群有着共同追求、目标和价值观的人，否则很难在一起
多样化	这主要是指沟通形式，微信群的沟通形式是非常多样化的，如图文、视频、语音等
传达率高	不受空间、时间、距离限制，只要有网络的地方就能够实时接受消息，传达率达到了 100%
交换性强	微信群聊天可以 1 对 1、1 对 N、N 对 N、N 对 1 的方式来进行，弥补了短信、电话的不足

图 6-1　微信群的特点

（2）微信群的商业价值

① 积累人脉：微信群是由拥有共同价值观或者共同需求的个人集合在一起的群体。所以每个微信群都相当于一个圈子，群内的每位成员都有相同的内心诉求和共同的兴趣爱好，这也意味着群主拥有了自己的人脉圈，如图 6-2 所示。

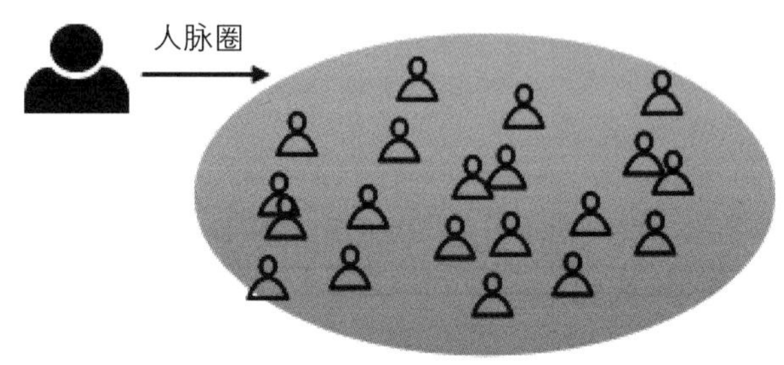

图 6-2 微信群的人脉发展模式

② 沟通价值：人与人沟通时使用传统的方式总会受到这样或那样的限制，比如地域、时间、人数等。而在微信群就不存在这些问题，可以随时发起会话，无论对方在还是不在都可以实现，且群成员之间也可以无障碍沟通，如图 6-3 所示。

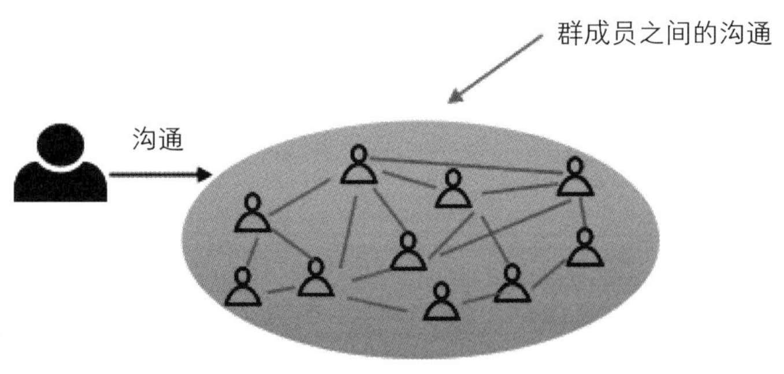

图 6-3 微信群的沟通模式

③ 裂变式传播：目前微信群人数最高限已达 500 人，而这几百人就是你的宣传员。毕竟，每位成员都可以再次以建群或加群的形式进行传播。比如，你发送某条信息，群员 A 觉得有价值就会转发给自己的好友，好友的好友也许会再次转发，这样一次次的向下传播就形成了一个完整的链条，而有需求的人如果买东西最终也会回到你这里，如图 6-4 所示。

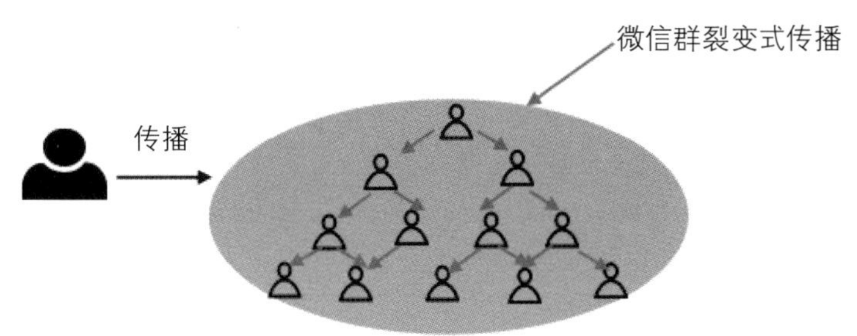

图 6-4　微信群的传播模式

（3）维护良好微信群的技巧

① 挖掘需求：群主必须积极维护与群友之间的关系，挖掘群友的内心需求，否则该群就会成为摆设。因此，群主需要定期或不定期地策划一些活动让用户参与进来。例如针对不同产品进行投票和打分，对不同客服进行打分。

② 提供价值：为群成员分享有价值的信息，或者关于我们所经营产品的最新消息或产品，包括特价或者折扣。让那些想取经的用户获得新知识，学习微商经营技巧。同时，也要鼓励成员分享，形成一个资源置换的平台。这种及时的分享对于成员们来说是一种福利，也会吸引更多的成员加入，从而形成良好的社群交流环境。

③ 形成良性的口碑效应：微信群也是一个不错的口碑传播工具，所以当我们把微信群做到一定程度，通过群成员之间的口碑传播时，一定会被更多的人所熟知，进而引导更多的人加入。

6.1.2　朋友圈

微商光顾最多的地方就是朋友圈，但随着微商越来越多，在朋友圈内宣传已经不再那么简单。

现在打开朋友圈，总能看到刷产品的微商，尽管已经令好友们讨厌，但他们依然乐此不疲。难道朋友圈营销已经走到了尽头？当然不是，只不过一味地效仿是行不通了。要想将生意做得更大更好，简单地推广是不够的，还需要运用些推广技巧，建立完善的营销系统。

那么，微商该如何利用朋友圈进行推广呢？经总结，有以下 3 种方法。

（1）有针对性地发送

在 QQ 群聊天，如果想要某人特别注意就可 @ 他，在微信朋友圈也有类似的功能，即“提醒谁看”。商家可以通过该功能让特定的粉丝接受，这不仅可以避免骚扰到没有需求的粉丝，还可大大提高推销的针对性、有效性。

比如，你推出了某些活动需要公布获奖名单时，可以通过“提醒谁看”功能，将信息公布到朋友圈平台上。如果你有新品上市，而某个产品又是某位好友非常喜欢的，也可以通过“提醒谁看”功能，来达到人性销售的目的。这比你直接用私聊的方式告诉他，要来得更温柔一些。

“提醒谁看”功能在文字信息编辑界面，可以提醒 10 位好友，如图 6-5 所示。点击“提醒谁看”，进入好友选择界面，勾选想要提醒的好友即可。

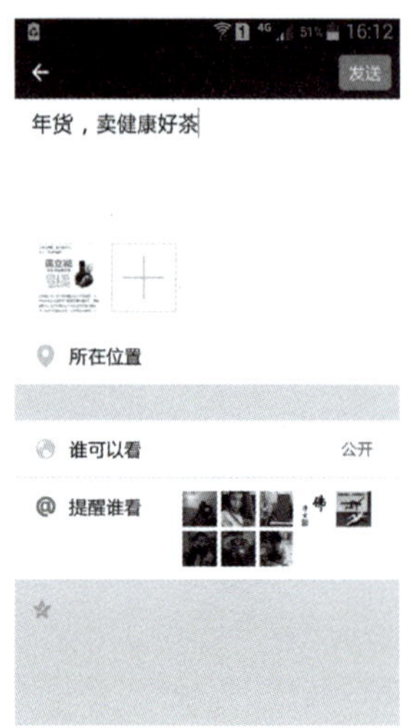

图 6-5　微信文字信息编辑“提醒谁看”界面

图 6-6　微信“谁可以看”功能界面

（2）限制某些人看

为了保证用户的隐私，微信平台推出了“谁可以看”功能，该功能使用户可以随心所欲地设置可以看朋友圈的好友。作为微商，这个功能也是一个非常有意义的功能。如果你觉得这个功能会限制你推广，那就大错特错了。

很多微商不仅自己销售产品，还招了代理商。代理商看到的信息和普通用户看到的信息有时会不一样，这时屏蔽掉一些好友是非常有必要的。比如，将代理商和客户按照不同的等级进行分类。推送内部信息时，根据不同的分组推送不同的信息，这样既不会显得刷屏，也会有针对性地推送内容，还能防止竞争对手看到不能公开的信息。

在通讯录列表里，长按好友昵称，编辑“设置备注及标签”功能，可在标签栏对好友进行标签备注。当你想要推送信息时，在文字编辑栏内点击“谁可以看”，在该菜单中选择标签备注好友就可以了，如图 6-6 所示。

（3）运用对细节

地理位置分享功能对于线下有实体店的微商非常实用。当好友看到该地理信息时，会因为距离近而去线下实体店参观或购买。当你在线上推出活动时，可以通过该功能为好友提供地图导航服务，保证好友的体验感。而对于线上的微商而言，地理位置定位还有一个好处。比如你在海南，销售的是海南的特产，当用户看到这样对称的信息时就会对产品的特色增加信任感，即间接地告诉好友们，你销售的是真正的云南特产。

微信原本是一个沟通交流的工具，被有商业头脑的人开发成了商业平台，一些服务用户的功能如果能好好利用，也是营销利器。作为微商，在日常生活中应该学会变通，越是不经意被发现的小功能，就越能带来大收益。

6.2 工具二：微信的延伸功能类

6.2.1 微商城网站

微商城是基于移动互联网，结合微信支付功能而出现的一种商业平台。对消费者而言，通过微信就可以进入商城，进行查询、购买、订购和支付。对于商家来讲，也是产品宣传、展示的一种渠道，如图 6-7 所示。

图 6-7　微商城网站宣传画

微信商城对营销的推动作用主要体现在以下 4 个方面。

（1）二维码

微商城手机系统后台可以自动生成二维码供下载，你可以将二维码印上名片、样本、报纸等一切你可以印的东西上。扫描二维码即可自动登录网站，方便快捷，如图 6-8 所示。

图 6-8　“世纪蓝海”二维码

通过线下活动，把线下用户往线上引导。可以把二维码张贴在人流量大的地方，例如营业场所，或者是目标用户群常去的地方。

沃客厨具开通微信商城后，月销量高达 1500 单。除了简单的微商城提供的功能外，沃客厨具还推出了创意活动，将当地的旅游景点和产品结合在一起，让用户在购物的同时还可以欣赏当地的风景。

沃客厨具的做法便是主动为用户提供增值服务，在产品、价值、质量都一样的情况下，用户肯定会选择有创意、增值服务做得好的商家。

（2）微传播

巧妙运用微博、微信进行移动营销，抢占用户的手机终端。可以专门申请一个与微商城关联的微博、微信，作为发展延伸平台。

（3）一键分享

当你的访客看到喜欢的内容时，只需一键便可将内容分享到各大社交媒体或通过微信 / 短信分享给朋友。

（4）短信群发

在短信中插入网址，这一做法突破了短信数字限制，将更丰富的内容呈现在客户眼前。

6.2.2 部落 · 微社区

部落 · 微社区是基于移动端的一个论坛社区，简单说就是一个移动版论坛，可利用微信公众号登录，直接发布信息，推广宣传产品，与用户沟通交流等。

目前，有很多商家通过微社区来进行推广。Toyboy 便策划了一起“送小米电源”的活动，用户只要参与均有机会获得奖品，引发了用户争先恐后地参与，如图 6-9 所示。

广州《信息时报》的小狮子微社区，每天都会发起“趣味侦探的竞猜游戏”，并且固定在中午 12 点，所以许多新老用户都会来参与；并且参与还有奖品，这也成为小狮子进行产品宣传的主要方式。

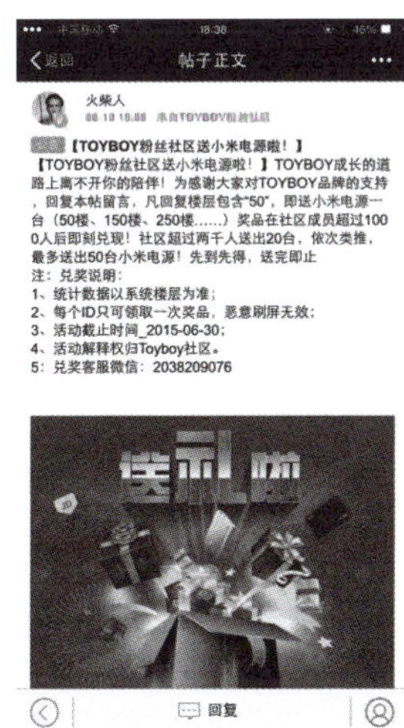

图 6-9　Toyboy 的“送小米电源”活动

部落 · 微社区解决了企业同一微信公众账号下用户无法直接交流、互动的难题，把公众账号“一对多”的单向推送信息模式变成用户与用户、用户与企业之间的“多对多”沟通模式。双向交流让企业与用户的互动更便捷、更畅快，同时也给用户带来更好的互动体验。

经过总结其优势主要体现在以下 3 点，如图 6-10 所示。

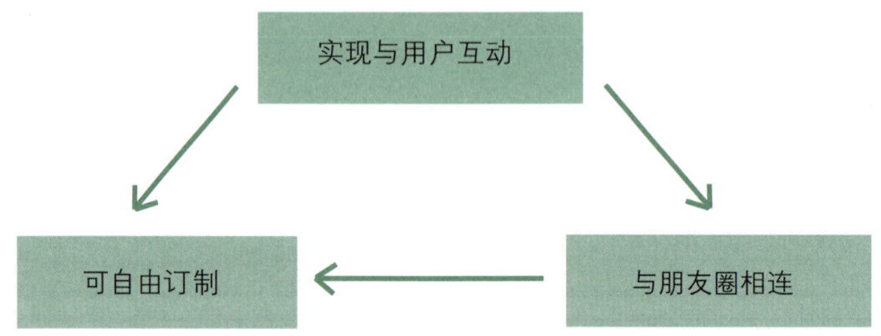

图 6-10　部落 · 微社区推广的优势

需要提醒的是，微社区本就是基于微信运用的软件，因此在使用时需要先与微信进行绑定，如图 6-11 所示。

绑定微信后的微社区，只要在微社区发布信息，微信公众号上就会同时出现。这样不仅能提升阅读量，还能为用户提供更多诉求，也能使用户在微社区进行讨论。

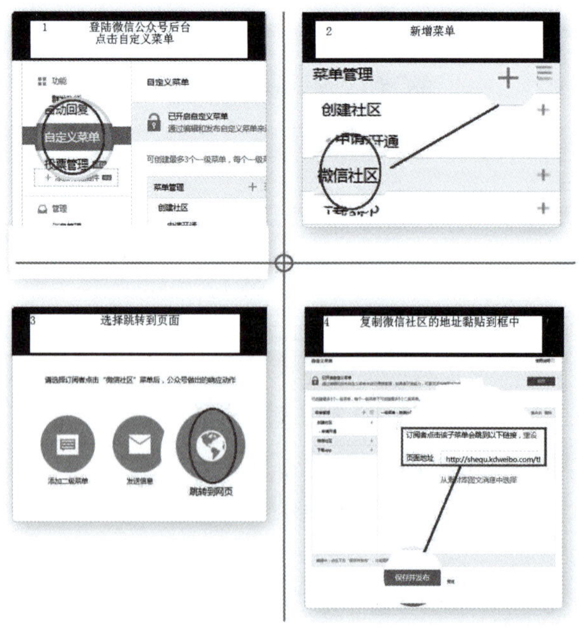

图 6-11　微社区与公众号绑定步骤

（1）定位要准

每个微社区都有自己的定位，即主要发布什么内容一定要把握好。只有这样才能吸引到目标用户。如果你是一位以卖服装为主的微商，却在社区里大行讨论汽车，那么吸引的用户就不一定是潜在用户。所以善于分类，运用标签和兴趣做区分，往往能达到事半功倍的效果。

（2）官方推荐

微社区里面有推荐话题的功能，只要话题够好，便会被腾讯官方推荐。这可以让更多用户看到，从而获得更多的曝光率。

（3）有奖活动

任何吸引用户的方式都离不开利益诱惑，正所谓“无利不起早”。如果能够在微社区举办一些有奖品的活动，效果往往非常明显。另外还可以根据自己社区里的人群分类，设置用户可能喜欢的奖品，以实现吸引用户的目的。

（4）以新闻为切入点

微社区可通过分享热点新闻来吸引用户关注，因此微商发布内容时最好以热点事件为切入点。因为人们都喜欢关注身边发生的事。互联网极大地提升了热点事件的曝光率，几乎每天都会发生一件热点事件。不过由于各个媒体都在报道，如果单纯照抄效果不会很大，但是如果能够从另外的角度解读则往往可达到不一样的效果。

（5）氛围很重要

每个人都喜欢有意思的地方，交流愉快的社区会更吸引用户。如果能够调动起一个良好的氛围，对增强用户黏性是非常有用的。除了简单的沟通外，还可以策划一些小活动来活跃社区氛围。

6.2.3 微信价

2013 年 11 月 28 日，小米手机 3 微信专场正式预售，在短短的 9 分 55 秒内 15 万台一抢而空！其火爆程度，再次创下小米奇迹。本次预售专场中，特供微信用户的“微信价”十分抢眼：即微信支付 1 分钱即可获得小米 5 元配件现金券、微信米兔表情包、小米手机 3 抽奖资格等专属奖励。

其实，小米并不是最早运用微信价的企业。早在 2003 年，视频网站爱奇艺便和微信合作推出微信支付。用户只要利用微信支付，便能够享受一分钱开通爱奇艺会员，一分钱包月。而对于使用微信支付的其他功能，爱奇艺也给出了优惠，比如观影和其他套餐使用微信支付均可以减少 5 元钱。

于是不少企业相继推出“微信价”，当当网首次使用微信支付返 5 元，还可以抽取土豪金；大众点评网微信支付满 38 元返 10 元；蘑菇街微信支付 1 分钱购 10 元券；银泰百货微信支付 199 元抢购 10g 金条……行业人士认为，此次小米手机 3 在微信上的营销成功，表明移动端也能承受瞬间巨大流量通过的压力测试。而“微信价”的持续火爆，则印证了移动支付领域还有着巨大的、待挖掘的商业潜力。

微信价的兴起吸引了一大批用户。也许正因如此，许多企业争相与微信合作推出“微信价”。与微信连接除了能吸引用户外，另一个作用是可抢占移动客户端，实现从传统电商向微商的转移，更好地在手机上推广商品，吸引用户。未来随着越来越多的企业推出“微信价”，微信因连接带来的流量动力将推动电商热潮加速迁移移动端。

那么，什么是微信价呢？即通过微信进行购买和支付，以获得更优惠的价格。这与团购价有些类似，都是通过第三方平台获得价格上优惠的一种形式。目前，已经有很多微店引入了微信价。以拍拍微店为例，其具体操作步骤如下。

第一步：进入拍拍微店管理后台→营销管理→微信价→点击“创建活动”按钮，如图 6-12 所示。

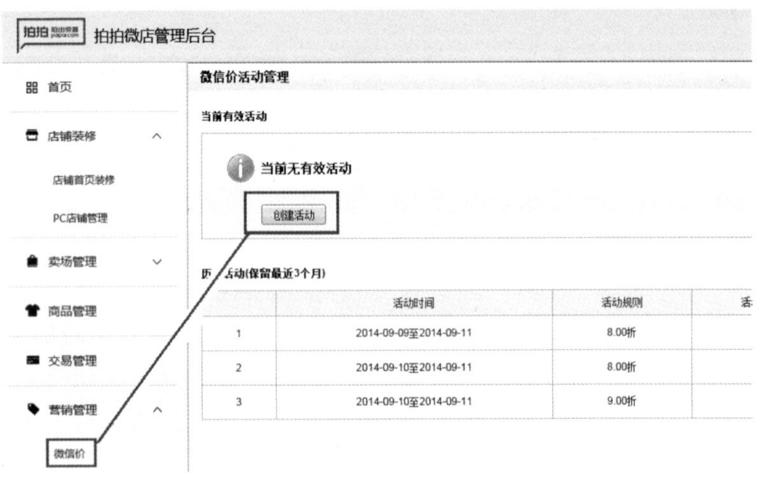

图 6-12　拍拍微店创建“微信价”步骤一

6-13　拍拍微店创建“微信价”步骤二

第二步：设置活动信息，如图 6-13 所示。

第三步：完成创建，如图 6-14 所示。

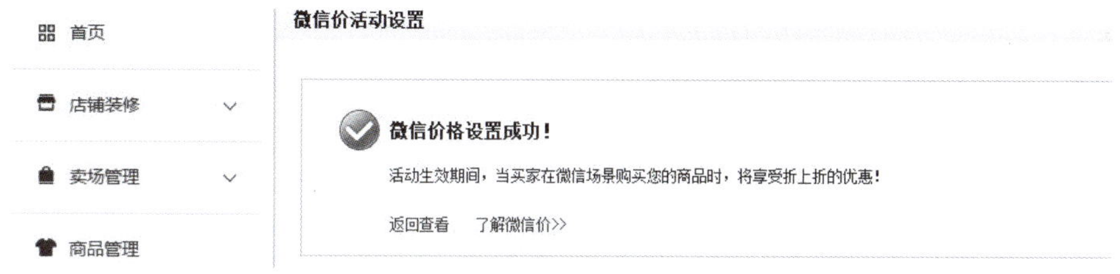

6-14　拍拍微店创建“微信价”成功页面

微信价默认对全店商品生效，即所有店铺商品均享受微信价。如果某个商品不在活动优惠范围之内，也可以取消该商品的微信价。取消步骤如下。

第一步：进入拍拍微店管理后台→营销管理→微信价→管理商品微信价，如图 6-15 所示。

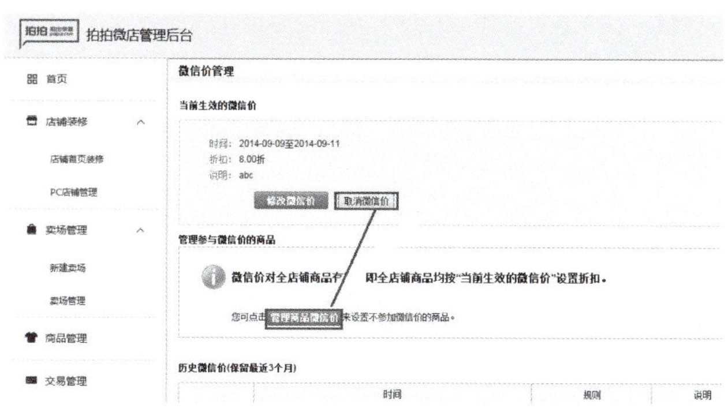

图 6-15　取消“微信价”步骤一

第二步：页面跳转至“商品促销”页，选中要取消微信价的商品，点击“设置微信价”按钮，选择取消微信价，如图 6-16 所示。

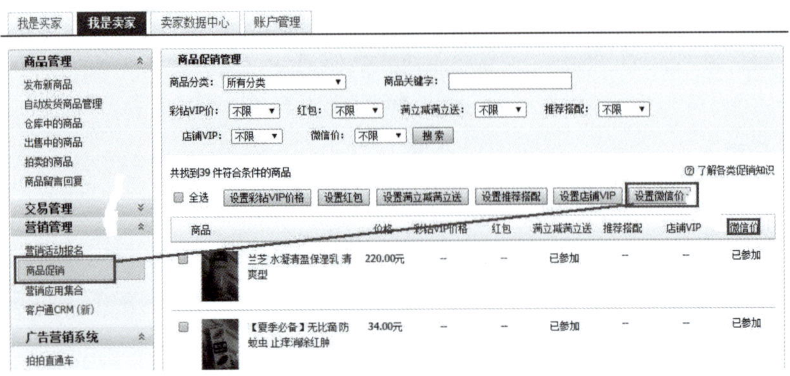

图 6-16　取消“微信价”步骤二

第三步：取消成功，如图 6-17 所示。

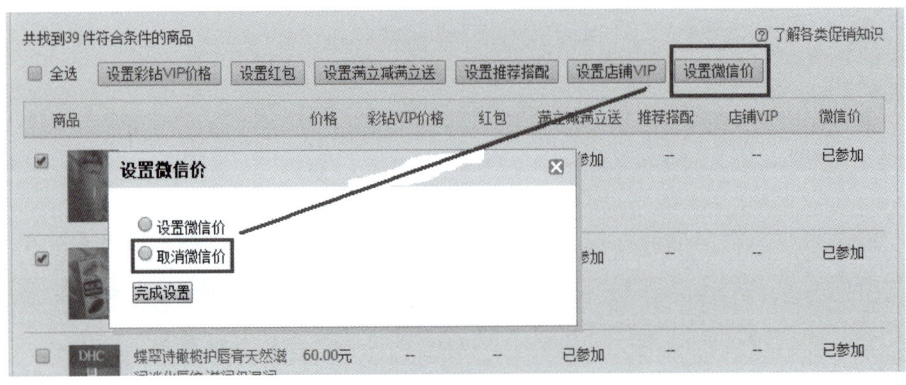

图 6-17　取消“微信价”步骤三

这种形式对用户、企业来讲，都有相当大的吸引力。它能帮助企业在短期内实现高销量，吸引大批的用户。因为没有哪个消费者不会被降价利益所诱惑，而微信价也方便了用户和企业建立某种连接，这种连接能让用户得到直接的优惠，也是大多数用户青睐微信价的原因。

虽然微信价是以价格优惠为主，但微商们切忌忽视用户体验，毕竟让用户获利的同时，更需要让他们对企业建立某种信任，从此成为老用户。所以与外在的价格来比，内在的品质、服务、购物体验才是企业最应该注意的。

6.2.4 微信 O2O

O2O 全称 Online To Offline，又被称为线上线下电子商务。这种模式结合了线上线下资源，可随时随地为用户提供便捷的服务，可谓效率高、成本低。尤其是与微信的连接，获得了很多微商的争先效仿。那么，如何实现微信 O2O 的运作呢?

接下来我们看两个案例。

微信兴起后许多杂志都开通了公众号，主要依靠在公众号上免费推送文章来运营。有人会好奇它们发布这些内容靠什么盈利呢? 其实盈利不能靠这些文章，而是通过文章引出的杂志。其中最著名的要数南都周刊和城市画报，如图 6-18 和图 6-19 所示。

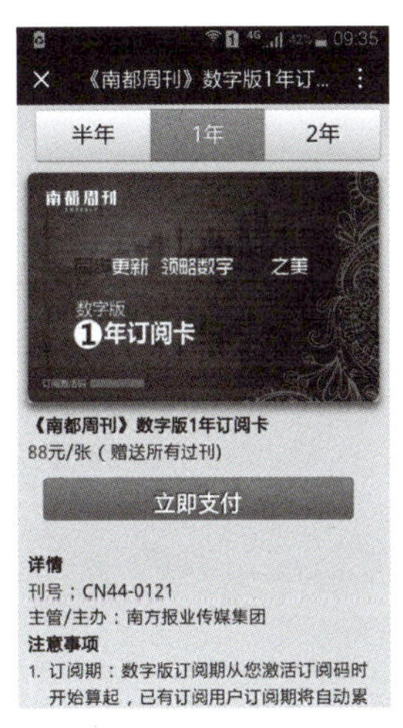

图 6-18 南都周刊微信公众号促销活动

图 6-19 城市画报微信公众号促销活动

南都周刊采用的是以周边产品带动主产品的盈利模式。很多微商在做微信 O2O 时并不会急功近利，也不会直接宣传其核心产品、主产品，而是通过周边产品的带动作用。城市画报采取的是与用户互动的 O2O 模式，O2O 模式必须与用户互动，将自己的品牌一点点渗入用户中。互动的最好方式是送礼品、抽奖等常规的做法，通过线上吸引到线下消费。因此，许多会员都会在闲暇时去店内体验。

上面仅仅是微信接轨 O2O 渠道的两种方式。其实微信不仅有 O2O 还有很多方式，并且都是微商利用微信进行线上线下商品推广的主要方式。比较常见的还有以下两种。

① 微信会员卡：会员卡的推广方式是最常见的，因为会员即意味着绑定用户。它也是微信营销中最直接的一种方式，用户只需要扫一扫二维码，便能够绑定手机获得会员卡，并享受商家的优惠信息。

② 线上 + 线下：线上推广方式一般来说就是通过各种网站、论坛、贴吧、社区等网络平台推广自己的二维码，让用户扫描加入；而线下则是通过各种活动、海报、户外广告吸引用户扫描获取粉丝。线下活动更多的作用在于增加用户黏度。

6.3 工具三：微视

微视属于腾讯体系，是腾讯开发的一款 App。它是一个基于视频的平台，基于通讯录的跨终端跨平台的视频通话软件。微视具有“短、精、快”的特点，只有 8 秒；因为时间短，占内存又小，便于人们下载与收藏。

打开微视主页 weishi.com，扫描二维码，或直接点击“下载”按钮，即可将它下载到手机上，如图 6-20 所示。下载后，用户可通过 QQ 号、腾讯微博、微信以及腾讯邮箱账号登录，并将拍摄的短视频同步分享到微信好友、朋友圈、QQ 空间、腾讯微博。目前它被微商广为使用，成为新媒体营销的主流与趋势。

图 6-20 微视下载主页截图

微视的推出无疑为微商增加了吸引用户的平台和途径。在广州的一次车展上，凯迪拉克汽车便发起了“8 秒爱上凯迪拉克 ATS”的微视活动。一时间吸引了无数的粉丝参与，既宣传了品牌，又获取了大量的用户资源。

有人预测微视将会成为下一个微信，但无论准确与否、能否实现都不重要，重要的是它已经成为一种非常具有前景的营销渠道。只要拍摄得够新奇、够创意，就能吸引眼球、吸引用户。

微视帮助微商们吸引用户，是一种很好的方式。但前提必须是能够做出好的内容，当然创意并不是每个人都能做到的。所以在拍摄微视时也要坚持原则，具体来讲有以下四个。

① 价值性原则：任何值得让用户分享的东西，除了内容有价值外，便没有其他原因了。所以当希望自己分享的东西能够获取关注和转发量时，唯一需要的就是做好内容，拍摄有内涵的视频。

② 原创性原则：互联网时代，只要是好玩的、有趣的，几乎瞬间便会传遍网络。所以，原创性有趣的视频更能吸引人们的眼球。

③ 创意性原则：除非你是名人，一个无聊的吃饭视频都能够遭到众多粉丝的疯狂转发，否则只能靠创意取胜。这是草根崛起必须记住的事情。

④ 爆料性原则：视频表现的主题可以是突发或者不可思议的事件。人人都有一颗八卦的心，要想吸引眼球就要有料，只要有料就少不了用户的关注。

第7章

怎么把产品卖出去？

——运用多种销售技巧

对于微商来说，无论是前期的宣传还是后期的推广，最终的目的都是把产品卖出去，因为只有卖出去才能转化为利润。本章节为大家提供了一些销售技巧，让用户真正喜欢上你、喜欢上你的产品。

7.1 打造耳目一新的界面

在心理学上有“首因效应”现象，即大多数人在进行判断或选择时，第一印象通常起着决定性作用。微商同样需要重视“首因效应”，以给粉丝留下完美的第一印象。

这里的第一印象便是“打造个性化微店界面”。用户进入微店后，怎样让他对你的店铺记忆深刻？因为用户首先看到的是微店界面，当你的微店界面能为粉丝带来耳目一新的感觉或者更好的购物体验时，就容易吸引对方，从而让对方成为常客。

京东购物商城非常细心地从用户角度出发，自 2014 年 5 月上线以来便不断围绕用户体验和需求进行改版，旨在为用户打造不一样的个性化购物。为此，京东在前期做了相当长时间的用户调研，最终推出了“千人千面”的个性化购物页面，可以说是微商界精准营销的典范，如图 7-1 所示。

图 7-1　京东购物微平台界面

图 7-2　构成微店的三要素

京东主要是在技术上进行完善，为用户提供个性化的购物平台。作为中国最大的电商企业，京东无疑拥有了大量的用户消费习惯数据。但是它在微商中也属于新秀，通过对用户数据的积累，根据不同用户的购物习惯，进行页面设置和商品推荐。打开商城后第一页便是清晰明了的三大栏目：新品首发、品牌闪购、特价秒杀，可以让用户轻松进入自己所需要的栏目。

那么，商家该如何打造自己的微店首页，才能最大限度地第一次就可以吸引用户的关注呢？其中三个要素必不可少，如图 7-2 所示。

7.1.1 将促销信息放在最醒目的地方

微店与淘宝的不同在于，微店浏览省去了搜索，打开界面就能看到宝贝，然后根据自己的需要和自身承受的水平进行选购。同样都会在看到“秒杀”“限时促销”等信息时也会驻足、停留，倾向于性价比高或价格便宜的商品。

7.1.2 焦点图的放置要合理

微店首页的焦点图非常重要。在同等展现量的情况下，焦点图设置合理的微店可以获取更多的点击量。那么，微店如何设计首页焦点图来吸引买家呢？这里有一组数据需要切记：数量不宜超过 25 张，宽度不宜超过 750px，单张图片大小不要超过 300k。

7.1.3 创新产品展示效果图

随着产品的造型设计和包装技术的发展，产品的外观、样式对人们产生了不可抗拒的诱惑力。新奇的样式、鲜明的色彩、精致的包装都会让人爱不释手。为了满足用户的好奇心和感官刺激，微店首页上需要放置必要的产品效果图，而且在包装技巧、展示方式上还不能落入俗套。

7.2 制订合理的价格体系

价格因素是卖家、买家必须面对的问题，也是吸引用户的有效手段。人人都想买到物美价廉的商品，因此价格体系是否合理在很大程度上决定着客户量的多少。如果一个产品在价格上、质量上都占尽优势，自然会成为抢手货；如果在价格上占有优势而质量稍次，也会成为部分特定客户青睐的对象。

因此价格很重要，微店要尽可能体现出自己的价格优势；同时，卖家也要根据自己的情况来定价。定价的方法有以下 4 种，如图 7-3 所示。

1. 撇脂定价法：定一个较高的价格，在短期内获取丰厚利润。

这种方法适合需求弹性较小、价值较大的新品，其优点包括快速利用较高的价格提高身价，满足客户的求新心理；机动性强，产品一旦进入成熟期后，随机开始逐步降价，再次利用价格优势吸引新的购买者；缺点是获利大，不利于扩大市场，容易很快招来竞争者，会迫使价格下降，好景不长。

2. 渗透定价法：价格定得尽可能低些，其目的是获得最高销售量和最大市场占有率。

这种方法适用于没有显著特色、价值较小、竞争激烈的新品。其优点包括能迅速为市场所接受，打开销路；低价薄利，减缓竞争，获得一定的市场优势。

3. 心理定价法：根据消费者的消费心理规律定价。

比如，常见的定价为 99.98 元或 98.99 元，而不定为 100 元。这就是尾数定价或整数定价，这样的方式能使购买者产生一种“价廉”的错觉，差一分或两分不到整数，对购买者的心理触动是不一样的。

还有的产品由于同类产品多，在消费者心目中形成了一种习惯上的价格，于是会按照惯例去定价。此种定价法目的是，满足购买者的习惯性心理，避免招致对方反感。

4. 折扣定价法：以打折的形式定价，不过折扣形式很多，商家可根据实际需求选择。

1) 现金折扣。例如“2/10 净 30”，表示付款期是 30 天，如果在成交后 10 天内付款，给予 2% 的现金折扣。

2) 数量折扣。客户购买某种商品 100 单位以下，每单位 10 元；购买 100 单位以上，每单位 9 元。

3) 季节折扣。是企业鼓励客户淡季购买的一种减让，使企业的生产和销售一年四季都能保持相对稳定。

4) 推广津贴。为扩大产品销路，生产企业向中间商提供促销津贴。如零售商为企业产品刊登广告或设立橱窗，生产企业除负担部分广告费外，还在产品价格上给予一定优惠。

图 7-3 微商定价的四种方法

采用什么样的价格体系，最终还是取决于产品的特性、用户的需求，以及所采用微商的模式等多种因素，因此需要综合考虑。如在微商中又做直销又做代理的，代理比直销成本要多，即使是同样的商品，价格也需要定得较高些。不过在移动互联网时代，一定要考虑互联网的特点——低成本的模式。

7.3 快速获得用户好感

做微商，第一要务就是快速与用户建立起信任的关系。由于微店是基于手机、电脑等端口的虚拟平台，因此在获取客户信任上比实体店要难得多。如果不主动出击，用户就会离你越来越远。

为了与用户建立起稳固的关系，微商一定要掌握沟通技巧或营销技巧。在用户关系的建立上，最常用的技巧有以下 5 种，如图 7-4 所示。

① 首先要弄清自己的目标（客户）是哪些人，避免向非客户群体献殷勤，否则只能竹篮打水一场空。

② 主动搜索去搭讪，或者通过活动创造机会，不要弄虚作假或采取不正当的手段，否则不能真正留住客户。

③ 向客户发布最有价值的信息，将自己最好的一面展现在对方面前。微商每天发布的消息很重要，从昵称、头像、产品简介到产品功能，一定要做到简洁明了、突出重点，给对方留下一个鲜明的好印象。

④ 保持足够的耐心和宽容：有些用户可能比较善谈，此时一定要有耐心，尽管可能会与购买无关；避免直接回应类似“哦、嗯”之类的，否则会让对方产生不耐烦；换种思维考虑，用户肯与你谈论说明已经开始信任你。微商就是这样，只要有信任就可能来订单。

⑤ 做好售后服务：做好细节会让用户感到我们的真诚，如有些用户因为粗心会把电话、地址之类的信息填错，这时可以主动跟对方确认一下；再如发货后，可以短信或微信的方式将订单号、发货人联系方式告知对方，以便对方随时跟踪产品到达地点和时间。这样贴心的服务和认真的态度，用户会觉得你非常可靠，也愿意继续光顾。

图 7-4　快速获得用户好感的五种技巧

7.4 确立共同的话题

对不少微商来说，最大的困扰就是刚开始推销便被拉黑。为什么被拉黑的总是自己呢？因为你不会聊天！很多人面对刚添加的陌生人都不知道聊什么，也找不到合适的话题，往往是刚打声招呼就没了下文，然后就是长时间的冷场，再者就进入了黑名单。做微商如果也是这样的话，那结果自然是惨淡收场。微商必须会聊天，因为每一笔订单都是聊出来的。

在与用户聊天时，要学会制造话题，多说对方爱听的话。如果你是一个不爱讲话的人，那以后就要学会多讲；如果你是一个话多的人，那就要学会说有用的话。世上无难事，只怕有心人，聊多了自然就能总结出自己的经验了。这里仅提出四个聊天重点，如图 7-5 所示。

1 找准话题

在聊天前一定要找准话题，即所谈的内容一定是对方喜欢的话题。那么，陌生人如何知道对方的兴趣爱好呢？其实，多观察、多搜集就可以做到。如在朋友圈寻找蛛丝马迹，从对方发布的图片、信息等内容里发现其职业、爱好等。

如一用户在朋友圈晒了去看某歌手演唱会的图片，你就可以看出她的偶像是谁。这无疑就是个好的话题，投其所好自然会聊得愉快。

2 寻找共同点

与用户聊天，并不是为了聊天而聊天，而是带着销售目的聊。所以一定要采取技巧，而寻找双方的共同点就是主要的谈话技巧之一。俗话说“物以类聚，人以群分”，人总是对和自己有交集、共同点的人更有好感。所以在与用户聊天时找到双方的共同点，会很快拉近彼此心理上的距离。

在对对方有一定了解的基础上，可故意透露自己相同的兴趣、爱好或其他共同点，以引起用户的共鸣。

图 7-5

3

挖掘痛点

这是更深层次的谈话，即在找准话题、找到共同点的基础上进一步挖掘对方的痛点，根据客户需求去谈话。许多微商会有这样的困扰，尽管聊天聊得很好，但无论如何也无法将话题引导到自己的产品上去。

这里面有一个技巧，就是要找到用户的痛点。痛点也就是用户最想要的需求，或者是最迫切解决的问题。找到用户痛点，而产品又正好可以帮助他解决，那么就自然地实现了销售目的。

4

持续跟进

罗马不是一日建成的，人与人之间的信任也不是一朝一夕就能建立的。被用户拒绝后，你千万不能放弃。正确的做法是持续跟进，有些用户比较谨慎，属于犹豫型的，可能第一次不会成交，但是只要锲而不舍，多聊几次，增加信任度，就可以实现。如果仅因为用户拒绝就不再坚持，那永远不会得到真正的用户。

图 7-5　与用户聊天的四个重点

7.5 找到产品的最佳卖点

很多微商发现，咨询的用户虽然不少但真正有购买需求的却不多。因此，有时候看似火热可成交率却没那么理想。可能有人会问，既然有这么多用户关注产品，那为什么销售不出去呢？原因就在于供需不一致，也就是说产品的卖点与客户需求不对应。如何做才能达到供需一致呢？这要从两方面同时出发。

7.5.1 明确产品的卖点所在

在产品基本一样的情况下，就要找出产品的不同点。也就是品牌定位中常说的差异化营销，强调产品与众不同的地方，例如特性、价格、附加价值、优势、卖点、科技含量等。卖点是打动客户决定购买的驱动力，且一定是产品体现出来的最大优势。这些优势完全可以当作产品的卖点，如图 7-6 所示。

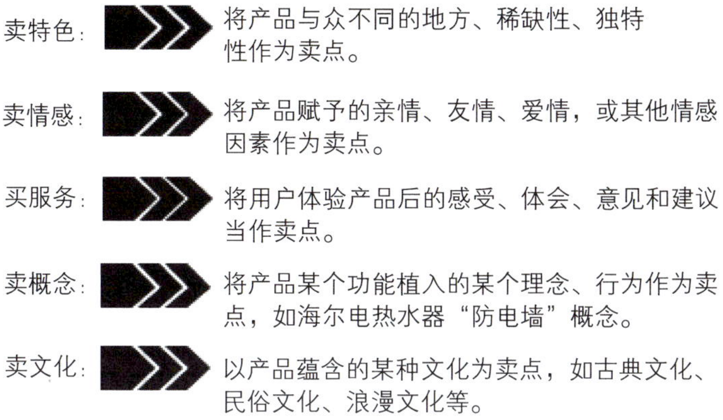

卖特色：
将产品与众不同的地方、稀缺性、独特性作为卖点。
卖情感：
将产品赋予的亲情、友情、爱情，或其他情感因素作为卖点。
买服务：
将用户体验产品后的感受、体会、意见和建议当作卖点。
卖概念：
将产品某个功能植入的某个理念、行为作为卖点，如海尔电热水器“防电墙”概念。
卖文化：
以产品蕴含的某种文化为卖点，如古典文化、民俗文化、浪漫文化等。

图 7-6　提炼商品卖点的 5 个关键因素

7.5.2　学会从自己的商品中提炼卖点

卖点作为商品的独特性，是其他同类产品所不具备的特性、特点。有些是与生俱来的，有些是通过人的想象力、创造力产生的。所以微商必须具备从自己的商品中提炼卖点的能力，并适时地向自己的用户展示，诱导其产生购买的兴趣。

在提炼卖点时可按以下思路进行，如图 7-7 所示。

卖点提炼
（1）
罗列已有的资源与受众
（2）
排序以区分受众需求
（3）
对比已有的资源与竞品资源
（4）
按对自己有利的原则再排序
（5）
进行优势识别，确定产品优势
（6）
传播过程中准确地表达

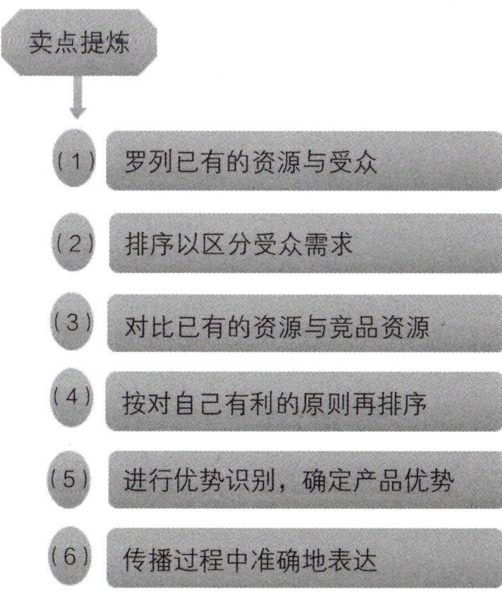

图 7-7　提炼商品卖点的思路

7.6 知己知彼明确客户的需求

知己知彼，百战不殆。只有了解客户需求，才能更好地展开销售，而“知”便是销售的切入点。例如你是做化妆品的，恰巧发现一用户在朋友圈里抱怨自己皮肤不好，这时在与用户聊天时便能够做到有的放矢，以她的皮肤作为切入点，继而引入产品中。当切实掌握了用户的需求时，就可以借助于需求过渡到产品上来。

其实在什么地方，或者通过哪些渠道找到客户不难，难的是要清楚客户需求什么。当然了，还有一点要关注，那就是客户的购买力。简单地说，你的潜在客户一定要有需求。所以推销时一定要围绕客户的需求来进行，不能只是一味强调自己的意见。那样的话，即使你的产品再好，如果与客户的需求没有结合起来，对客户来说也是没有价值的。

在向用户介绍某产品的时候，一定要先了解对方的需求，然后根据需求确定所要体现的产品卖点。两者必须足够一致，否则即使产品很有优势也难打动用户。商品特性与客户需求对应关系如图 7-8 所示。

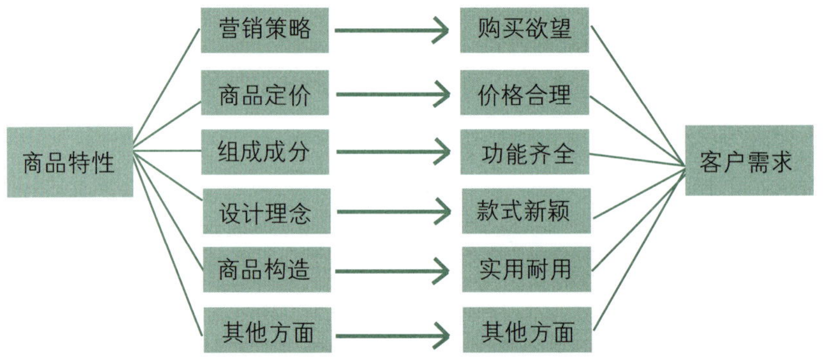

图 7-8　商品特性与客户需求对应关系

7.7 没需求制造需求也要上

有些刚入门的微商，常常会花 90% 的时间去找用户，结果购买的人依然极少。其实他们的思路从一开始就错了，任何产品都有固定的消费群体。也就是说没有不好的产品，只有没找到最有需求购买该产品的人。

最有需求的人，我们也称为饥渴人群。根据用户的需求程度共有三大类，第一类是有迫切需要的人；第二类是有一般需要的人；第三类是可有可无的人。第一类便是我们所要找的饥渴用户，这些人通常有两大特性，如图 7-9 所示。

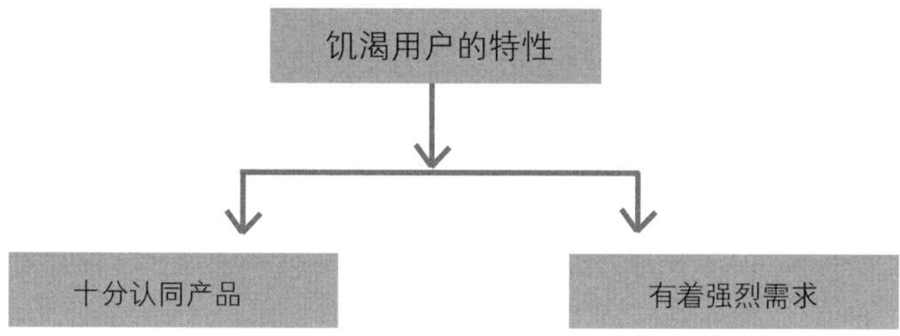

图 7-9　饥渴用户的两大特性

饥渴用户对某种产品和其理念十分认同，同时有着强烈的需求及高度的融合性。所以很多时候是一拍即合，直接下单购买。微商可根据用户的这些特性，去圈定一批最可靠的用户，然后针对这部分人群进行有目的的推销。

一位卖妇幼用品的微商，在朋友圈推广自己的孕幼产品，刚开始所加的人很杂，且大多不是准妈妈级的人。所以即使用户很多但购买率并不高，后来她便在准妈妈经常出没的论坛、社区发帖子，搜集客户资源，同时专门建立了一个准妈妈的微信群。此后，销量就一直很稳定，几乎每天都有人购买。

有些微商总是抱着“广撒网”的侥幸心态，希望自己的产品有一天可以大卖。可以肯定地讲，只要有这种心理你的产品就不会大卖，因为所有的产品都不是适合所有人，而只能是适合一部分人。

一位卖水果的微商，自从在微信上卖李子后，就发现大多数粉丝都喜欢又大又甜的李子，结果酸李子大量积压。一天，终于有用户问：“你们有酸点的李子么？”

微商回答：“有，刚进的。”接着又问：“一般人都喜欢买甜的，您为什么会买酸的呢？”用户告诉他自己怀孕了。

该微商一听立刻说：“那您找对了。”

这个事件后，他就开始推出适合孕妇口味的酸李子，一时吸引了不少人购买。

要想找到产品的最饥渴人群，不能仅仅盲目寻找，还需要掌握技巧。像案例中的微商通过自己巧妙的沟通获得了用户的另一个需求。所以在寻找饥渴用户时应换个角度想问题，多沟通并善于观察和分析。即使没需求也要制造需求，激发用户的潜在需求。

7.8 对现有客户进行管理

随着客户量的不断积累，微商需要对客户进行科学、有序的管理，包括调查、分类、归档、综合分析等。这对扩充产品线、优化活动策划以及市场拓展是非常重要的。

对客户进行数据分析，可通过建立CRM系统来实现。这是一种客户关系管理，其定义是利用相应的信息技术以及互联网技术来协调企业与顾客间在销售、营销和服务上的交互，从而提升其管理方式，向客户提供创新式的个性化的客户交互和服务过程。

如某食品企业在参加“淘宝首页焦点图”活动中就充分运用CRM数据分析的功能，通过对历史数据的分析，最终确定客户人群为25 ~ 35岁的女性，销量最高的产品基本是女性爱吃的零食。经过分析，该企业确定活动策划案以单品促销的方式，只售办公室白领喜欢的混合果仁，在广告图设计中也是以白领美女来展示，实现了产品以及客户群体的精准定位，最终突破了以往销量的3倍多。这充分证明了客户数据分析的重要性，如图7-10所示。

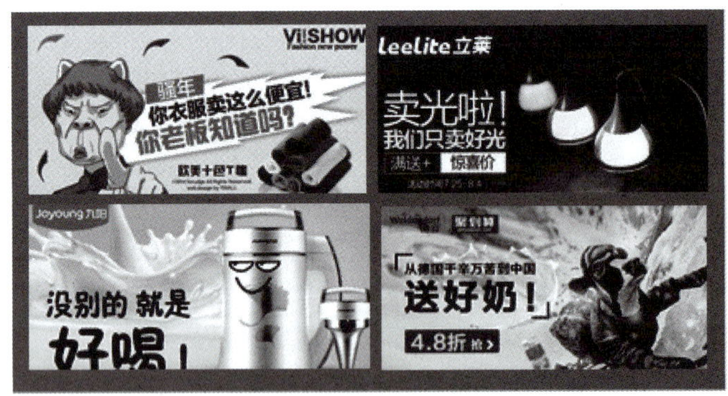

图7-10 “淘宝首页焦点图活动”集锦示意图

CRM管理的核心是管理与客户之间的关系，是选择和管理有价值客户及其关系的一种商业策略。如今，随着3G/4G移动网络的部署，CRM已经进入了移动时代。CRM系统就是一款集3G/4G移动技术、智能移动终端、VPN、身份认证、地理信息系统（GIS）、Webservice、商业智能等技术于一体的客户关系管理产品。

客户关系管理的功能可以归纳为三个方面：市场营销中的客户关系管理、销售过程中的客户关系管理、客户服务过程中的客户关系管理，分别处于市场推广阶段、销售阶段、客户服务阶段，具体如图 7-11 所示。

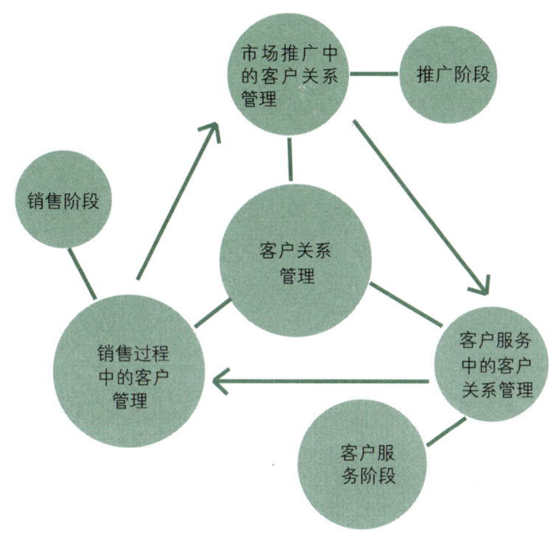

图 7-11　客户关系管理功能的三个方面

因此对微商企业而言，在进行 CRM 管理时必须围绕这三个核心点进行，对客户数据进行实时跟踪、相关分析。例如，对客户的喜好、访问过的宝贝、停留页面的时间、购买的频次、访问周期、购买商品、购买数量等所有信息进行综合性的分析。通过以上数据的实时获取，产品经理在扩充产品线时就有了查询的依据，能够很明确地推出符合客户喜好的产品，活动策划人员也可以根据客户的喜好进行相关产品的推广活动，赢得良好的推广效果；同时，企业设计人员也可以根据客户访问停留页面的时间、深度、跳转率等不断对店铺页面、宝贝页面进行完善和优化，从而大大提高企业的综合转化率。

7.9 为客户做好服务

售后服务的好与坏在很大程度上决定了微店的命运。售后服务作为微店非常重要的一环，在其发展中起着重要作用。经营状况良好的店铺，需要完善的售后作为支撑。在售后服务方面，公司最主要的业务是 7 天无理由退换货，顾客在收到商品的 7 天之内如有退换货意愿的话，可将商品寄回给卖家，同时售后会和顾客取得联系，咨询顾客意见。售后工作主要是对于订单的处理，售后服务工作人员对消费者在消费中遇到的问题要及时解决，对顾客的意见和投诉应及时处理，还要及时回复、解答顾客留言等。

7.9.1 售后服务

这一服务做得好可得到消费者的欢迎，顾客下单时会比较放心，不会因为售后问题导致顾客流失，给卖家带来大量的客源，同时优质的售后服务还可以带来良好的口碑。

微店的售后服务通常可按照以下 6 个步骤进行，具体如图 7-12 所示。

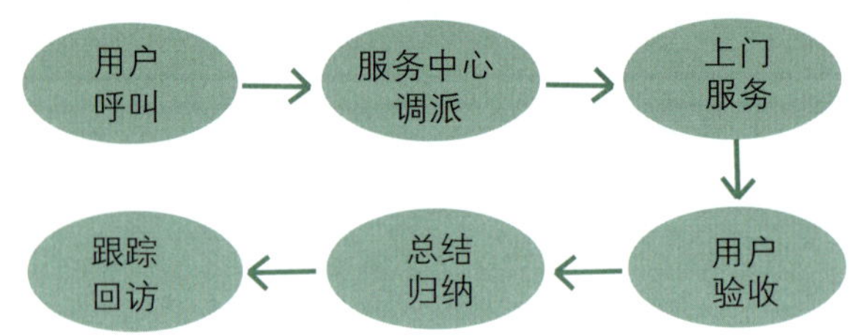

图 7-12 售后服务流程

很多微店并不注重售后环节，其实这是买家在网上购物最担心的一点。网上购物不像实体店可以面对面地交流，即使有问题也可以拿去商店里即时解决。

微店的售后一般是通过图片、协商来解决，所以卖家要换位思考，从自己的购物体验出发完善细节。

7.9.2 物流服务

对于微商而言，良好的服务还体现在物流方面，这也是真正完成电子商务活动全程的最后环节！很多微商全程做得都很好，却容易跌倒在这最后一个环节上。“东西很好，就是物流太慢了！”这句话已经成为国内各大电商网站留言中最常见的评价。

同行业内产品同质化和价格透明化的趋势愈演愈烈，消费者对于企业后台服务特别是物流能力的要求也水涨船高，落后的物流遇到电子商务，不可避免地将会成为一个“瓶颈”。

那么，微商如何做好物流呢？就这个问题，目前还没有很好的解决方案。在电商领域，基本上已建立较完善的物流体系，并且商家可实时追踪和监督。但对微商而言还远远未能达到，如微店并不像淘宝那样有物流详情。

因此，最好的办法就是发货后进行电话跟踪，查询路况或者到站，并定时给客户以反馈。目前最常用的就是给用户反馈发货提醒，这在一定程度上可以提升用户对店铺的好感，如图 7-13 所示。

图 7-13 设置淘宝发货提醒

7.10 跟踪新用户维护老用户

微店所在的平台相对封闭，不像传统电商那样有大量的客户流量。因此对于微商来讲最重要的是维护客户资源，将有限的客户资源无限地重复利用。例如，把所有的微信好友都变成自己的朋友。只要我们持续不断、不厌其烦地对用户进行跟踪，当然也要把握好度，这个用户便会成为我们的老用户。

了解老用户，投其所好。在我们和用户建立了首次购买关系之后，就说明他对我们的产品有需求；只要我们愿意花时间和精力去维护这段关系，对方就一定会再次购买我们的产品。当然，这也需要我们进行适当的引导，让对方建立购买我们产品的习惯，从而一想到该产品就会想到我们。因此，我们需要深入了解并且分析这些用户。

对于新手来说，很多时候为了追求销量大量开发新用户，而对老用户置之不理。这是完全错误的，要知道在营销学上有这样一个黄金法则“开发十个新用户，不如维护一个老用户”。另外，高质量地为老用户服务，也是提高销量和节省时间的最好方法。因为老用户对我们比较了解，一方面减少了各种推销和讲解时间；而且由于熟悉老用户的自身情况及消费模式，让我们更容易为其量身打造适合他们自身的产品使用方案。这样就能建立起一种更为亲密的关系，他们也就越有可能不断地重复购买我们的产品，并且还会主动为我们宣传，将我们的产品推荐给周围的亲朋好友。

也可以把维护用户关系的任务交给助理完成，让他隔段时间打电话拜访这些老用户，感谢他们长期的支持，并推荐新的产品。当然在助理与用户沟通之前，我们一定要把用户信息告诉助理，从而有的放矢地进行产品推荐。这样做能让他们感觉到我们是真心地关心他们，而不仅仅是为了推销产品给他们；他们在有需求时也会第一时间想到我们，并且更乐意帮助我们提升销量。

第 8 章

哪些领域在接轨微商？

——微店实例解析

如今移动端成了许多传统行业争先抢夺的香饽饽，不论是酒店、餐饮、通信还是金融都想抢占移动端入口。那么本章我们就来说说这些不同行业是如何通过微商实现盈利的，同时也通过大量案例进行分析和解读。

8.1 消费领域

8.1.1 奥利奥——利用微信强大的入口功能

2014 年春，奥利奥全新推出了整合营销活动“亲子一刻，玩起来”。活动选择了微信和创意相机作为手机互动平台，通过品牌深度植入，打通微信生态圈，并依附于微信强大的平台效应和线下 Pincode 机制促进销售，开启了一种前所未有的微信商业合作模式，如图 8-1 所示。

图 8-1 奥利奥微信商业合作模式

奥利奥与创意相机合作植入“亲子表情”创造互动体验，传达品牌诉求：鼓励父母不仅要花时间陪伴孩子，还要放下包袱、释放内心童真，彻底融入孩子们的世界，和孩子一起玩起来！

同时，奥利奥还将创意相机亲子表情的推广与销售拉动直接结合，不仅推出以“亲子表情”设计为主题的全新包装和店内促销，而且巧妙地通过包装内的 Pincode，在创意相机里提供解锁更多动态亲子表情的功能，直接刺激产品销量的增长，并有效提升消费者对奥利奥产品的忠诚度。

创意相机是微信主力推广的明星产品之一，入口自动内嵌在微信应用中。消费者借助于创意相机提供的强大功能，很方便地记录生活瞬间，并轻松制作成为真人动态表情；通过创意相机与微信朋友圈的自然打通，传播互动的快乐。

营销创意

奥利奥借助于微信强大的入口效应、销售平台，通过有机地结合创新商业模式，成效显著。在短短两周内制作了近 1700 万个奥利奥亲子表情，在百度、谷歌等主流网络搜索引擎的搜索量提高了 3 倍，在社交媒体上的搜索量则提高了 5 倍。这些数据不仅表现了奥利奥创意相机“亲子表情”活动与微信的首次商业化所取得的巨大成功，也为其他品牌提供了更多可借鉴的经验。

8.1.2 康师傅牛肉面——双 V 齐下打造新形象

网络的普及和运用，正在改变着人们的需求。尤其是年轻一代，他们的购买动机、购买习惯和心理都在潜移默化地发生着变化。在这种背景下，一些老品牌通过满足新需求焕发第二春。

康师傅品牌旗下的香辣牛肉面就是典型代表，它首次尝试卡通化的拟人定位，一改在消费者心中的刻板印象。建立了卡通账号矩阵，以一种全新的矩阵形式打造了一个丰满的官 V 人物，以方便面的视角发布话题，菜叶姐姐、榨菜妹妹、卤蛋疼疼、香肠迪迪等，阳光、活力、无厘头，迎合了喜欢网络和宅文化的年轻一代的需求，如图 8-2 所示。

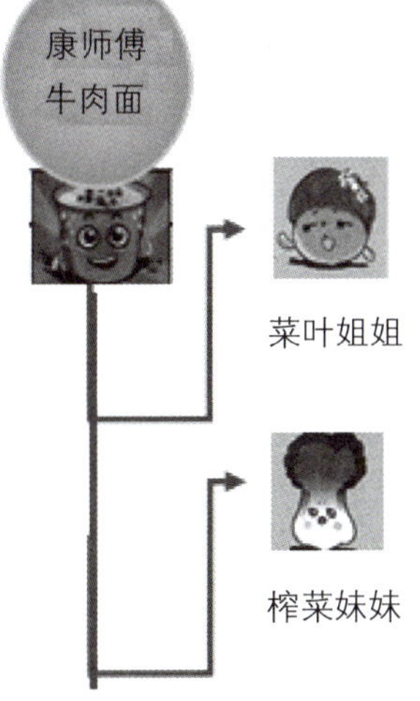

文艺姐，体内不乏御姐基因，遇到劲爆事件御姐范尽现，平时关爱各种弟弟妹妹。

懒惰闲散、喜欢围观，爱跟风，总能及时捕捉新鲜事件和话题，与网虫们各种扯淡，仰慕面康康。

图 8-2

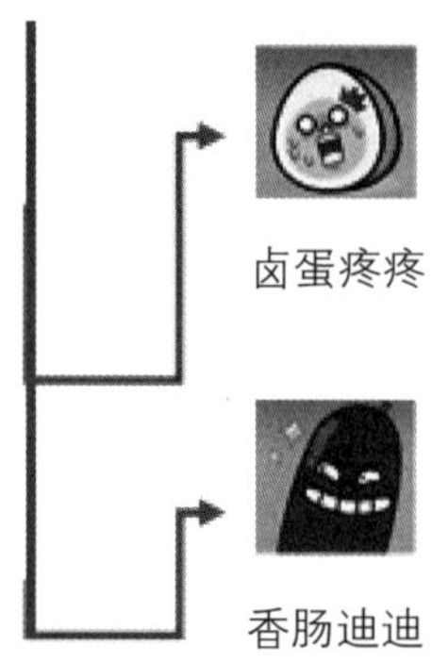

每天发布各种蛋疼的趣味话题和冷幽默。各种被虐，卤蛋小宝贝儿是永远的调戏对象。

好色小生，阅遍天下荤段，乐于与各种无下限网友分享，讨论各种无节操话题。

图 8-2　康师傅牛肉面——双 V 齐下打造新形象

为辅助传播，策划团队还将精心设计的人物形象搬上了微信、微博等新媒体平台，与消费者互动。结果刚成立几个月的时间，就在微信、微博上受到了消费者的围观、追捧和“调戏”，如图 8-3 和图 8-4 所示。

图 8-3　康师傅香辣牛肉面微博互动界面

图 8-4　康师傅香辣牛肉面微信互动界面

营销创意

康师傅在双V（微博、微信）时代做出了营销策略的突破，以迎合消费者新需求为出发点，建立卡通人物形象。这是一种全新的矩阵形式，通过微博、微信等新媒体，可以在特定的群体中扩散，营造新的消费文化氛围。尽管这是个比较漫长的过程，其影响力却具有持久性。试想，如果卤蛋疼疼、香肠迪迪等这些形象真的会影响一代人，那康师傅的品牌影响力将会扎根这代人的记忆中。

8.1.3 华美月饼——开创四V立体式营销模式

每到中秋节，各式各样品牌的月饼琳琅满目、堆积如山，如何在众多品牌中脱颖而出便成为营销的关键。华美月饼可谓做出了特色，打出了“会说话的月饼”概念，给了消费者一个购买的理由：我买的不仅是月饼，还是“会说话的月饼”，更是能录制祝福、传递祝福的月饼。

那么，华美月饼是如何打造“会说话的月饼”这个概念的呢？即充分利用了互联网思维和技术，综合运用微信、微视、微博、微视频四大主流新媒体，打造中秋祝福新玩法，如图8-5～图8-8所示。

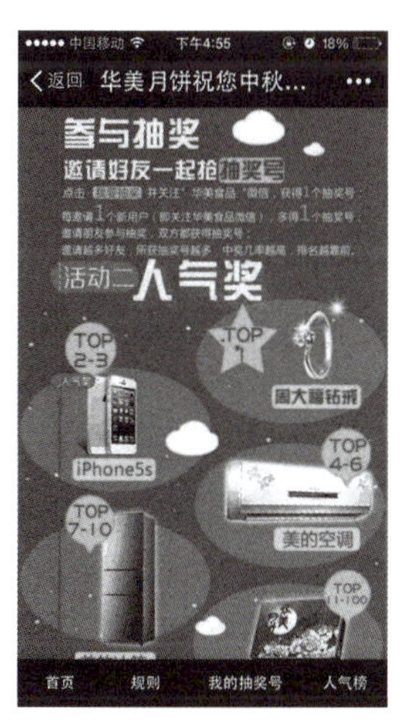

图8-5　微信扫描赢大奖

图8-6　录制视频送祝福

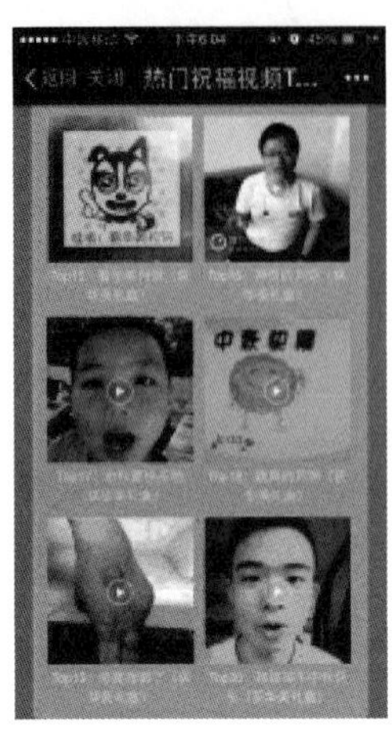

图 8-7 微视频打造个性祝福

图 8-8 微博大 V 进行互动

将传统的食品品牌通过社交化媒体，与消费者形成互动，既让产品得到了扩散和宣传，又让中秋送祝福回归了本色，满足了消费者的情感需求。据统计，一月互动次数累计 82593 次。

营销创意

华美月饼这种新型的营销模式又称为“四微立体式营销”！通过综合运用新兴媒体，实现了社群扩散。刺激消费者参与祝福视频，通过微视录制，以最受明星欢迎的微视平台为依托，让消费者轻松打造独具个性的祝福视频。发布的视频也能带动微视好友一同参与，在社交圈内引发传播；同时以微视播放量排行来颁发奖品，刺激消费者参与。

8.1.4 京东商城——做好终端

现在的消费者，尤其是年轻人都十分享受这种消费过程。想就餐只需扫描一下该酒店的二维码就能知道龙虾的价格；住酒店只需扫描一下酒店二维码就可以知道有没有合适的房间、价位如何。

京东商城作为综合性购物网站，一直走在微信营销的最前列，且是最早一批利用微信 App 的企业之一。2014 年，京东商城在原有的基础上又有了进一步的动作。例如，5 月 27 日上线了微信购物通道"京东微信一级入口'购物'频道"。据京东方面透露，"购物"频道上线一周以来，手机、数码、手表、食品、女装等商品最受微信用户的欢迎，成交额非常喜人。截至 6 月 4 日，微信"购物"的单日成交额较之以前"我的银行卡"下的二级入口"精选商品"的单日成交额增长 8 倍。

像上述几个案例一样，京东商城也有微信二维码，针对用户的不同需求而设置，如图 8-9 所示。用户可根据自己的需求进行选择，只要扫一扫就能立刻添加关注，可随时关注到京东商场的最新动态和活动优惠。

图 8-9　京东商城集中主要的二维码

在每种产品下放置相应的二维码，不但能使信息快速传播，而且能满足个性化需求，大大提高了顾客的满意度。二维码也方便了消费者的消费行为，为企业提供了新的营销渠道。这就说明，关于客户端的维护京东做得特别好。

营销创意

京东之所以做得这么好，就是因为它巧妙地运用二维码，通过二维码真正实现了有针对性、全方位的营销，24 小时不间断提供送货、服务，一步到位。可见，二维码营销已经越来越深入企业的促销活动中。采用二维码营销建立一个移动的服务体系将是未来的发展趋势，人们将逐渐喜欢并依赖上这种独特、新颖的消费方式。

8.1.5 欧莱雅——电子会员卡

做过美容的朋友都知道，会员制是美容美发店吸引用户最主要的一种方式。成为会员后，消费者可享受不同程度的优惠，还可享受商家提供的各种特色服务，但都是纸质形式。随着互联网的发展和电子商务的普及，会员卡有了微信公众号，可以通过语音、图片、文字、视频多种形式进行推送；而平时推送的关于美容等小技巧也颇受用户喜爱，因为切实解决了她们美容方面的不少困扰。

知名化妆品牌欧莱雅的官方微信公众号开通后，用户只要关注就可以成为会员，在购买欧莱雅品牌化妆品时即可享受会员折扣。在扫描欧莱雅微信二维码后会出现会员领取页面，此时用户只需输入手机号码即可以成为会员。会员有专门的会员日，享有参与公司优惠活动的权利，并可领取相应的奖品，如图8-10所示。

图 8-10 欧莱雅会员日活动页面

对化妆品行业来说也一样，因为化妆品属于重复消费行业，是每个女性朋友都不可缺少的日常生活用品。所以很多化妆品行业也会推出会员制，以吸引用户重复购买，提升用户黏性。

会员营销对于许多消费者是非常有吸引力的，如果一个女性朋友平时只用欧莱雅的化妆品，那么她成为会员后便可以享受折扣。成为会员后，除了享受价格折扣外，还能享受其他额外服务，例如发货提醒、生日礼品、节假日关怀、感恩答谢会等。

营销创意

会员制对用户来讲意味着可取得更多的优惠，更多的便利。但对商家来讲则意味着获得更多的数据资源，如购买时间、购买频率、购买人群等。这些都可为精准营销提供翔实的资料，是制定销售策略的主要依据；既节省了市场调研的时间，又提升了营销的成交率。所以，会员制度促销可谓一举两得。

8.1.6 自然堂——关注微信公众号有礼

自然堂采用关注有礼的促销方法吸引用户，即只要关注自然堂官方微信公众号，就可以到最近的专柜免费领取一份小礼品，如BB霜等。这种关注有礼的策略，一方面可以吸引用户关注，另一方面可以直接推广企业品牌，而用户领取礼品以及试用产品的体验则决定了用户是否继续购买产品，如图 8-11 所示。

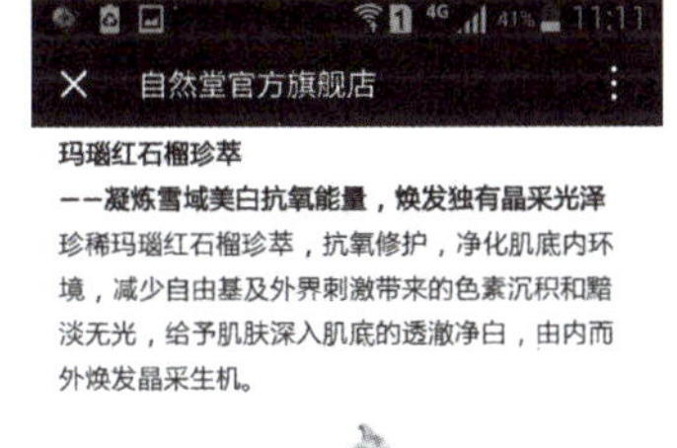

图 8-11 自然堂官方旗舰店页面

化妆品行业最常用的策略是关注即送礼、产品知识推介会、打折优惠、促销海报等，接下来将一一分析列举这些营销活动。

关注有礼：关注有礼、关注即可成为会员，这种策略是最常用的，也是吸引用户的最好方法。

产品推送：微信最好的体验便是能够一对一和用户对话，这种高质量的沟通为化妆品行业带来了新的营销渠道，通过微信公众号将产品及介绍等信息推送给用户，从而产生购买行为。

促销平台：很多商家将微信公众平台作为一个促销平台，化妆品行业也不例外。通过微信公众号发布最新的产品促销、优惠信息和活动，给用户带来切实的福利；同时也会吸引同样热衷于该品牌并渴望打折的潜在用户，并提升已有用户的黏性。

营销创意

微信公众号作为目前最主要的一个社会化平台，是微商展开产品宣传和渠道拓展的主要工具。其上多个功能都十分有利于产品的社会化扩散，如利用“自定义”菜单实现线上会员沟通、查询功能，简单方便，满足了用户更好的体验。只要能够持续为用户提供好的产品和价值并坚持下去，相信化妆品行业微信营销会越来越好。

8.2 科教、文化、娱乐领域

8.2.1 早教培训机构——打造掌上育儿社区

众所周知，中国人最在乎下一代教育问题，无论是早教中心，还是各种培训班都非常火热。如果你还只限于在线下那就 OUT 了，现如今已经有很多早教机构建立了网上交流平台，宝妈们随时随地都可以学习知识、交流经验、分享成果。

掌上育儿是上海掌育网络科技有限公司运营的一个微信号，被誉为掌上育儿管家。通过公众号用户可以得到各种科学育儿知识，与育儿专家进行在线交流。该平台有各类育儿 App 展示，还会提供会员服务，其中最大的亮点是微社区，如图 8-12 所示。

图 8-12　掌上育儿微社区交流平台

在这个社区，妈妈们可以自由讨论宝宝的受教育情况，有的人还把照片上传上去，供大家参考。由于这是一个开放的平台，任何参与者都可以针对孩子的问题进行提问，而看到问题的人或专家，或其他妈妈都可以进行解答。

营销创意

体验至上：对于宝妈们来说，最担心的无非是宝宝受教育的环境、老师的教育质量等。传统的早教中心这些大都通过线下完成，宝妈们对宝宝的情况可以说是一无所知。掌上育儿使得教育更加透明，宝妈们通过手机就可以了解宝宝的情况。更关键的是，即使没有受教育需求的宝妈们也可参与其中，与其他妈妈讨论相关话题，这类群体无形中也成了潜在客户。

8.2.2　会计网——利用学员病毒式传播

培训是教育领域非常重要的分支，以往在宣传、管理上都比较被动，基本上靠人为的推广，或等学员自己上门。但自从有了微信后，这种情况就发生了转变，运营者可以将培训服务连接到各个网络平台上，对学员实行科学的管理，并利用现有的学员实现裂变式传播；也可以与同行进行更深入的合作，资源贡献，平台共享。

会计网之所以成为有名的培训机构，便是利用了这种方式。为迎合用户的需求，会计网开通了微信公众平台，向用户提供会计基础知识、会计学习方法和技巧等，以及会计考试、取证和工作实践当中遇到的常见问题，如图 8-13和图 8-14所示。

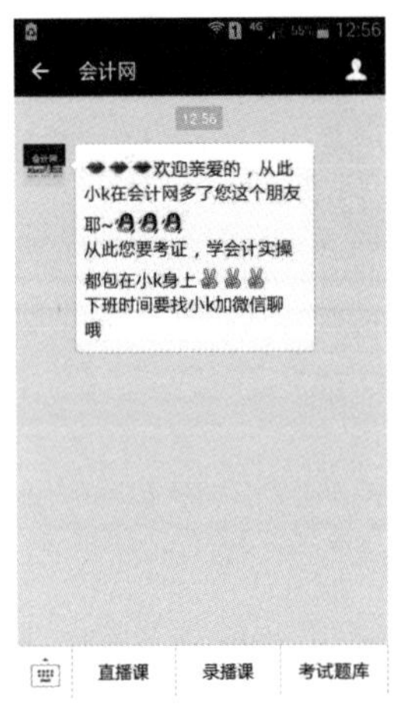

图 8-13　会员活动

图 8-14　分享会计技巧文章

会计网利用微信平台实现了对学员的高效管理，并能随时与学员沟通、了解学员动态，从而制订出更有针对性、更符合市场需求的产品或服务。另外，通过管理学员也自动自觉地充当了传播的媒介，对产品或服务进行转介绍，形成一个良性的循环传播体系。这样一来就会让更多的人了解平台，成为潜在用户。

营销创意

很多企业都忽略了老客户转介绍的作用，尤其是在自媒体日益发达的今天，很多时候都不用亲自去做。只要能服务好现有的客户，他们完全可以帮你宣传，从而起到一传十、十传百的病毒式传播作用。这种传播方式的力量是巨大的，如在微博、微信、朋友圈上，偶然的一句话、一件事情一夜之间便可以传遍大江南北。

8.2.3 交通银行——扩大粉丝群

交通银行的“最红星期五”活动备受广大用户好评，此活动只要按照规定并达到一定消费条件（刷交通银行信用卡），即可在全国达 2000 多家的指定超市，享受当日消费金额 50%刷卡金返还，最高返 100 元刷卡金。不少用户还针对这种行为总结出了各种“省钱秘籍”。

这个活动早在2012年就已经推出，但被更多人关注到是在2014年、2015年；同时，近两年活动的声势也很浩大，优惠更多。

以2015年为例，10月16日最红星期五再次来临，交通银行打出这样的宣传：百货大楼、洪城大厦、华润万家、天虹百货、麦德龙、沃尔玛……交通银行“超红星期五”（如图 8-15 所示）与您相约各大超市，不见不散！持卡人每周五在指定地方消费可享受 50% 的刷卡金奖励。优惠覆盖范围不再局限于超市和加油站，已经延伸至餐饮、电影、旅行、品牌连锁等领域，提升了持卡人的用卡满意度和便利性。

图 8-15　交通银行信用卡“超红星期五”说明页面

很明显这次活动“最红”改成了“超红”二字，最大的不同就是优惠力度之大、范围之广都是以往没有的。为什么会有这样的效果？原来得益于官方微信服务号（交通银行信用卡）的开通，以往持卡用户只能在移动官网上注册，了解这个活动的人极为有限，而官方微信服务号的开通使更多的人参与进来。

据交行信用卡相关负责人介绍，交行信用卡持续发力开展最新优惠商户活动，竭力优化用卡环境，坚持走亲民、普惠路线的“最红星期五”活动已经成为交通银行独具特色的服务品牌。

营销创意

微信信息推送到达率是100%，此外还可实现用户分组、地域控制等精准推送。这正是营销人士欣然接受的关键，超市和加油站是老百姓日常生活的两大刚性需求，锁定这两类消费体现了交行信用卡“方便实惠交给你”的品牌主张和活动宗旨。微信服务号的开通无疑使得“最红星期五”活动升级，为更多人认识活动、体验活动带来了最基础的保证。

8.2.4 招商银行——服务至上，体验至上

进入招商银行信用卡中心公众微信号，用户只要将自己的银行卡与公众号绑定，就可以在自定义菜单查账、查积分、查额度并还款等。另外，招商银行公众微信号还设置了自动提醒功能，只要用户刷卡都会有微信消息提醒，相比之前的短信功能更加及时、方便，提示信息图文并茂。除了传递信息外，还可让用户享受到更多的体验。

随着微信功能的完善，招商银行微信公众号也进行了升级，推出了更多的创新服务。例如2015年5月初，“招商银行信用卡郑州”就推出“飞屋环游有惊喜，帮我打气带你飞”活动，如图8-16所示。

图8-16　“招商银行信用卡郑州”推出的活动页面

这个活动主要是招商银行信用卡新推出的人气小游戏，可以邀请好友为自己打气，然后就可以攒气球，进而根据气球的数量可以兑换到相应的礼品；同时也可以兑换信用卡积分，参与的用户都有机会赢取 1 万元的旅游基金。

营销创意

金融业属于服务行业，所以运营者做的所有工作都必须围绕服务展开。招商银行信用卡开通微商模式一切以增强用户体验、完善服务为宗旨。这个活动在为用户提供乐趣的同时，还可以让用户邀请好友来为其打气。这一设置增强了用户的体验，也为招商银行信用卡做了免费推广，让更多的用户参与进来，可谓一举两得。

8.2.5 掌上青岛——开通微电台改变呈现方式

移动互联网阅读时代来临，众多媒体都感受到了这股新力量。然而对于传统媒体转战新媒体，不止是换一个推送形式，而是要全方位地改变，从管理到运营、从文字呈现形式到用户的阅读习惯一个都不能少。

“掌上青岛”是青岛晚报推出的微信公众号。2012 年年初，青岛晚报“掌上青岛”登陆腾讯微信，建立了智能微信播报系统，成为国内第一家在微信上建立的公众媒体播报平台。它不仅为收听用户提供新闻、天气等重要信息，还播送与生活息息相关的消费、娱乐等资讯。开通半年多订阅用户就突破了 50000 多，如图 8-17 所示。

图 8-17　掌上青岛真人直播电台

该微信号的最大创新是“微电台”板块，其中有个“新闻播播播”栏目采用了独特的播报方式——真人播报。不过，播报人不是邀请的名人，而是从用户中挑选出来的。这些人各有所长，一改传统的新闻播报方式，而是用幽默风趣、简单易懂，或极具特色的方式播国内外重大新闻、讲笑话、天气预报、学英语等。对大多数用户来说很有吸引力，使大批用户成为忠实粉丝。

营销创意

传统媒体的呈现方式只能通过文字、图片等方式，但是新媒体则开始多样化起来。尤其是直接通过公众号进行订阅后，阅读方式就更加自如，除了图文并茂外，还增加了视频、声音等形式。呈现形式不同，读者的感受也就会大大不同。不过最终还是要在内容上敢于创新，只要内容做好，增加订阅用户，自然可以产生更多的利润点。

8.3 营销领域

8.3.1 全民营销——碧桂园

碧桂园是一家以房地产为主营业务，涵盖建筑、装修、物业管理、酒店开发及管理、教育等行业的综合性集团。2014 年 8 月，碧桂园技术团队通过微信平台的深度开发，推出“全民营销”微信平台。

这个平台是指以项目官方微信作为载体，用户若发现自己周边的人有购房需求，即可登录平台进行推荐。碧桂园在后台看到信息后，将会立即安排专人进行跟踪，向被推荐人提供一对一的服务。交易成功之后，推荐人就可以轻松获得碧桂园高达 4‰的佣金。

这就是所谓全民营销，以客户带动客户的方法，2013 年碧桂园以超 100% 的增幅破千亿。这种模式并非碧桂园独创，但因独特而极致的创新执行名声大振，甚至烙上了碧桂园的印记。

碧桂园“全民营销”的微信平台成功上线后，将真正实现项目与客户资源的 O2O（Online To Offline，线上到线下）闭环，即线下客户资源的每一个线上推荐都会发展成一个触点，最终拓展为网状或线上客户资源；同时实现线上客户资源与线下销售的充分联合，最终创造出一个几何倍数扩张的全民营销生态系统。

那么，全民营销具有哪些优势呢？我们可以结合碧桂园的运作进行分析。

（1）快速运作

在碧桂园“全民营销”微信平台上可实现快捷推荐、快速跟进服务操作。用户在平台推荐购房人之后，碧桂园会立即安排专人跟进；同时，推荐人还随时了解被推荐人的买房进程、佣金结算等问题。

（2）推荐转成交率高，高额佣金自然不在话下

回顾房地产全民营销发展历程，不难发现尝试者非常多，将其推至高峰的却是寥寥。碧桂园之所以可以领衔其中，是因为真正撬动全民营销的根本——基于“建老百姓买得起的好房子”的定位，如 2013 年全民营销十强业主孙先生，不仅购买一套作为父母的“养老地产”，还将其引荐发展成单位一大批年轻同事的“首置刚需地产”。

（3）最好微体验，率先打造一站式移动体验

凡是到访过碧桂园的人，无不被通道、会所、园林、商业街等现场展示所震撼，目之所及皆美好，更从视觉感官上提升了体验的愉悦感。如今全民营销微信平台，就是将碧桂园现场触点直接连接到用户手机的一端：微楼书一点即取，环保节能，随时翻阅；720° 全景漫游启动虚拟看房，立体勘查房间的每一个角落；专人跟进，随时咨询。让每位用户都能够成为独立的线上代理公司，拇指一动就为有意向购房者打开入口，进入自助化服务。

营销创意

在社交媒体上，每个人都是一个渠道，每个人参与到品牌的全民营销体系中是全民营销的核心：以个人为主体，人人都来营销、人人都是渠道。在全民营销中个人的渠道为主渠道，基于个人的信任关系传递品牌的产品、服务、促销、活动等内容。所以，做好全民营销一定要把自己也当作一个个体品牌来经营，即不是简单的刷朋友圈、发微信群，而是基于“微信交互－关系社区－O2O”的模式来经营。

8.3.2 众筹式营销——DS

DS 是法国一个顶级豪华汽车品牌，全称为 Déesse（法文），消费群体定位在那些年轻、有个性的都市人身上。也正是这一点，DS 推出了更加符合年轻人消费理念的“一元尊享 DS 购车基金”活动，如图 8-18 所示。

图 8-18 DS 的一元尊享 DS 购车基金

这是一种基于电商策略、类似众筹的营销策略：即消费者有意购车，可以在微信平台上邀请好友帮助筹款，每个好友支付 1 元，消费者本人就可以得到 DS 充值的 100 元购车基金，最高可获人民币 10000 元。也就是说，假设邀请到 100 个好友每人支付 1 元，消费者本人购车时即可获得 10000 元购车基金，以减免车款。

接下来，我们可以分析下 DS 营销模式与众筹模式的对应关系，如图 8-19 所示。

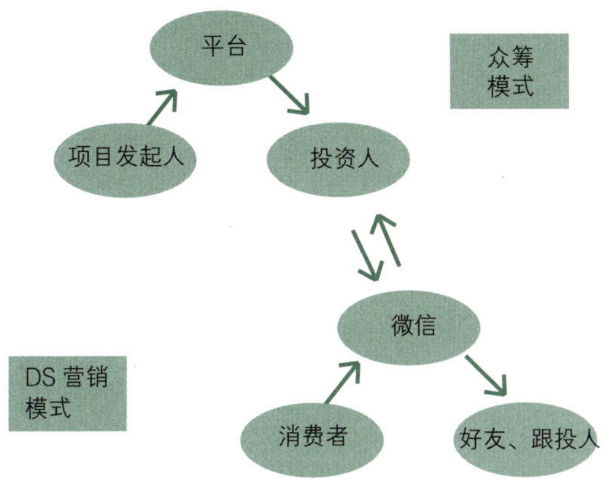

图 8-19　众筹模式与 DS 营销模式的区别

消费者对应众筹模式中的发起人，邀请到的好友和 DS 均对应跟投人，平台即微信，并通过帮助潜在客户募集资金从而达成购车行为。

因此不难发现，DS 通过众筹模式进行了巧妙的售卖转换。它并没有直接为自己引入现金流，而是帮助它的潜在顾客募集资金，从而达成购车行为，实现售卖。就这样，众筹作为一种营销模式声名鹊起，打破了车企、经销商、消费者一整条消费链，使得消费者和企业可实现直接对话。在潜在顾客发动朋友圈来帮助自己实现购车愿望的过程中，越来越多的人参与其中，企业的品牌形象在消费者和平台不断的交互过程中被反复强化。因此，DS 购车基金与其说是一种销售模式，倒不如说是一种企业主动建立品牌形象的过程。

营销创意

众筹营销是指消费者发起产品订购邀约并提供一些 DIY 个性化需求，可根据需求实现针对性生产的营销模式。既符合企业的利益，又符合消费者的利益。企业不存在缺货情况，而是根据消费者个体需求实现一对一的产品制作和销售。

对于当下并没有足够资金买车的年轻人，DS 的众筹营销正是在做他们所需。对比传统豪车营销思路，DS 购车基金表现出的有互动、有惊喜的特点正好契合年轻人的个性，这对正处于品牌突破阶段的 DS 而言极为珍贵。

8.3.3 互动营销——手机 QQ 浏览器

浏览器作为一种产品，呈现给消费者的信息是“快”这种特性。但“快”的特性技术原理晦涩难懂，如何既能让用户直观地感受到，又区隔于其他竞争对手的传播方式是制胜的关键。正是基于这一思考，手机 QQ 浏览器利用 Web Socket 技术（实时服务器客户端连接），结合用户多屏获取信息的媒介特征，开发出“谁能比我快”浏览器赛跑这样一种极具创新性的双屏（手机—电脑）游戏形式，如图 8-20 所示。

图 8-20 “谁能比我快”活动界面

在“谁能比我快”互动游戏过程中，不同浏览器以卡通形式出现，整体画面生动有趣且有带入感。当用户选择角色赛跑时，点击手机屏幕达到一定频率便会提醒用户选择 ×5 内核加速包，助用户角色瞬间加速，这一创新型功能也是基于手机 QQ 浏览器产品自带的 ×5 内核进行设计的。相较于其他竞争对手，手机 QQ 浏览器拥有 ×5 内核，所以运行速度会比对手更快。

同时，游戏还采用了极具创新能力的跨屏模式，手机和电脑双屏联动。用户只要用手机扫描二维码便可以控制电脑端的浏览器角色进行赛跑，这无形中也增强了互动性，如图 8-21 所示。

手机和电脑同步

图 8-21 “谁能比我快”游戏的跨屏模式

营销创意

手机浏览器这种营销模式最大的亮点是制造互动，且采取了大家喜闻乐见的游戏，无疑会在互动的同时充满了娱乐性、趣味性。用户在双屏的浏览器赛跑游戏中，不仅可以体会到 ×5 内核的速度特性，还能体会到跨屏穿越的高级功能，使用户对产品的功能有更深度的体验。

8.3.4 矩阵式营销——应用宝

2014 年父亲节期间，腾讯应用宝联合多家官方社交平台，发起“我的父亲是超级英雄”活动，以微博为甚，如图 8-22 所示。

图 8-22　应用宝的微博传播

该项活动在微博发起后，活动原发微博在 2 天内转发超 1430 次，评论超 260 次，原发微博的覆盖总人数高达 2698 万。

随着微信、QQ 空间等各个平台的不断加入、造势、引爆相关话题，腾讯应用宝的父亲节活动取得了巨大成功，开启了一场多品牌矩阵协作的节日营销（见

图 8-23）。

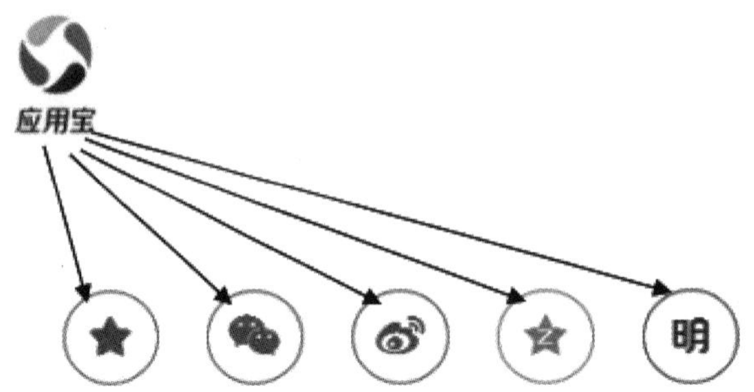

图 8-23　应用宝的多平台联合营销

应用宝为什么会采取如此独特的方式呢？原来，策划者通过长时间的观察发现，应用宝的用户大多集中在“70”“80”“90”后这几代人上。这个群体人大都习惯使用智能手机，诸多新鲜的东西时刻影响着他们的生活方式。因此，联合多平台渠道进行综合性营销是制胜的关键。

同时，也巧妙采用了情感营销，这个群体人的父辈因为年纪较大，常为无法熟练运用智能手机所困扰。于是对前者而言，曾经无所不能的后者一下子变成了“无助的孩子”。在这种情景之下，勾起了不少年轻人对父辈的那一块柔软。

腾讯应用宝作为一款手机应用平台，其本身就是一个帮助用户轻松“玩转手机的应用法宝”。切中情感点的创意和多品牌联合传播的造势，找到了最好的营销视角——昔日的超级英雄在父亲节“复活”，充分调动了网友的参与热情。这些上了年纪的老爸，有了腾讯应用宝也能玩转手机。

营销创意

应用宝这种多品牌矩阵式协作的营销方式，也为品牌的节日营销开启了一条新的思路。不同品牌同一话题的方式，容易凝聚各品牌的影响力，形成传播共振，扩大活动传播力度，从而避免在节日中单一品牌因声量过小而被嘈杂的营销环境淹没的情况。

8.3.5 社会化营销——西单大悦城

在快速消费时代，零售终端、百货公司忍受着电子商务的巨大冲击。西单大悦城便结合消费者的追求体验和热点的心理需求主动求变，打造了专属人物形象——悦小 Young，并邀请微博人气漫画家 @ 伟大的安妮量身订制了一套漫画形象。

为了使悦小 Young 的形象被消费者广泛接受，西单大悦城还进行了一系列的预热活动，为悦小 Young 的正式登场和形象定位进行传播。首先在微博平台上制造了“谁是亲妈”的话题，引导网友猜测“哪位天才美少女画家来为悦小 Young 打造卡通形象”。此活动一出就引发了广大网友的好奇心和讨论，话题覆盖人数高达 5586 万，如图 8-24 所示。

图 8-24　西单大悦城的“谁是亲妈”活动

悦小 Young 成为西单大悦城的代言人后，在很多社会化媒体上引发了极大的关注。微博上创造出一系列话题标签。例如：

“潮不潮，瞧小 Young”“时尚 Young”“小心机”“以折服人”：悦小 Young 为大家介绍和推荐西单大悦城内的时尚品牌、大热单品、时尚知识以及打折信息。

“小 Young 玩大了”“小 Young 萌日历”：小 Young 作为一个有血有肉的人，和粉丝分享自己觉得有趣好玩的内容、生活理念以及日历播报。

“不吃不舒服斯基小Young”“Young热影讯”：小Young带着大家吃喝玩乐，享受生活。

“潮店长，热推荐”：悦小Young亲身采访城内各个商家的店长店员，并由他们推荐大热单品和理想搭配。

为了使悦小Young形象更加深入人心，西单大悦城充分考虑到人设的性格和特点，从各个维度上力求将悦小Young的形象深入粉丝内心。于是创作了四格漫画以及六格漫画，将悦小Young可爱、卖萌、时尚、有态度的性格和粉丝们喜爱接受的励志题材相结合。

在微信平台以悦小Young的人设为基础，设置了楼层信息、营业时间、电话、停车信息、wifi信息以及会员卡等关键词，以方便粉丝进行信息获取；并且在微信内容上先后推出了“美好单品集中营”“小Young出街指南”“小Young看电影”“潮店长，热推荐”等多个板块，与粉丝进行良好的互动和沟通。

同期，还借助于微信表情易于深入用户对话中的特点，特别设计了一系列的动画表情以配合悦小Young在社会化媒体中的整体传播攻势。

营销创意

西单大悦城结合当下消费者的心理需求，找到了与目标人群沟通的最佳途径——“卖萌”；并塑造独特的形象，在微博、微信等社交媒体上开展了与消费者的互动。这种形式不仅能够增强用户体验和品牌影响力，还将着力打造会员服务平台，帮助线下活动进行预热，带动了消费者进店线下消费的O2O传播闭环模式。

8.3.6 平台化营销——《后会无期》

电影《后会无期》于2014年7月份上映，赢得6.31亿元人民币的高票房，曾创造了国内电影界的一个神话，取得票房和微博口碑的双丰收。之所以能取得如此骄人的业绩，主要依赖于其首次运用了社交平台营销——微博。

据说，导演韩寒从该项目立项到拍摄，再到宣传、上映公布共发了 105 条微博，转发数超过 700 万次，评论 240 万条，点赞 660 万。消息一经发布，即刻引来众多关注。

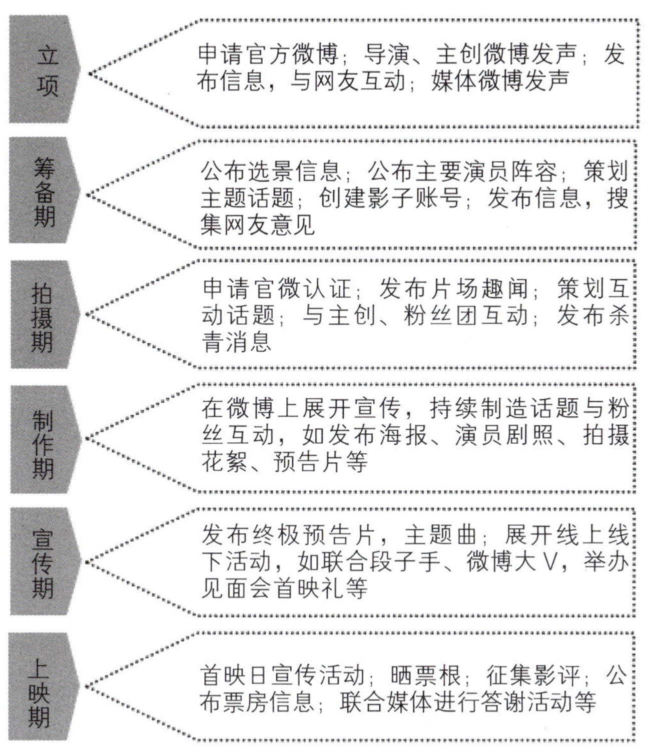

同时也鼓励用户晒票根，让每个参与的用户都成为影片的传播者，在自己的圈子内形成二度传播，如图 8-25 所示。

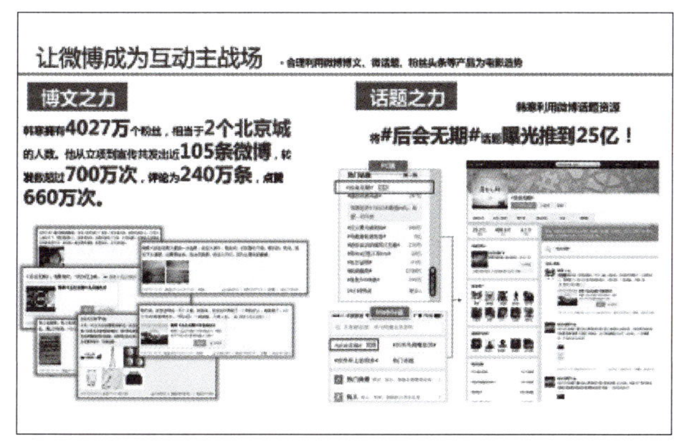

图 8-25　后会无期微博互动话题界面

可见，《后会无期》最终收获不俗的票房，与在微博平台大范围的推广不无关系。具体来讲，项目组是从时间轴、运营轴和商业化轴三个维度来推进的。

首先在时间轴上，以从电影不同阶段的时间为线索，串联在微博上完成预热和宣传。通过与影迷互动、售票、点评等，逐步将剧情渗透出来，以吸引关注。

其次在运营轴上，微博站方给予了很多支持，以确保电影在宣传上形成闭环。例如，动用了微博内的硬广、电影话题套餐、微博大号＋粉丝头条、微博电影点评团等多个产品帮助推广，片方通过购买这些商业化产品和资源包助力电影票房上升。

最后在商业化轴上，运作也非常好，与微博官方结合非常到位。在这所有的环节中，极致入微的“话题炒作”成为最关键的成功因素。新浪娱乐与微博整合建立起来的电影营销解决方案，将片方、受众、院线、票务、明星相连接，达成了一个新媒体社会化营销闭环。

营销创意

《后会无期》是电影行业借助于社会化媒体进行营销的重要尝试，使电影可依托新浪网、微博这些强有力的媒体优势和用户规模，做出有针对性的宣传，更有效地挖掘客户需求，发现用户在什么阶段对什么电影感兴趣；同时依托其支付、传播功能进行抢购和预售，推动票房增长。例如，通过晒票根等活动，粉丝头条功能进行精准曝光，引发粉丝呈几何级增长，单条微博转发评论过百万，实现了精准的点对点投放。

在未来，依靠新媒体这样的平台化运作，将会成为电影营销中最关键的一环，是形成新营销体系下营销产品组合的有效推动力。

8.4 草根做微商

8.4.1 大学生微店卖水果

（1）项目：水果

概况：大学生创业

大学生，一个非常有创业创新精神的群体，微信的普及让他们看到了微商潜力，许熠就是其中之一。

他是石家庄经济学院经济学专业的一名学生，创业灵感来源于为女友送水果。富有商业敏锐性的他，通过给女友送水果的经历，逐渐悟出了一个赚钱的好方法：卖水果。女生都爱吃水果，全校 6000 余名女生，按每人每月均消 50 元来算，1 个月下来就是 300000 元，这可是不菲的收入。

但如何卖水果呢？他想到了微信，当时微信卖水果还是一片空白。就这样，许熠申请了一个微信公众号，并起了一个甜美的名字——优鲜果妮。

（2）运营策略

① 疯狂找粉丝：优鲜果妮正式上线后，他做的第一件事情就是找粉丝，把目标对准了同学、老师以及周边的兄弟学校。于是，他开始不辞辛劳地“扫楼”，将印的宣传单、广告页在宿舍楼、食堂、教学楼一处不落地发放，还利用课间将拍摄好的“优鲜果妮”宣传短片逐个教室放映；为了快速“涨粉”，他针对平时订单数量较少的宿舍楼推出了“一个关注一块钱”的活动……

第二轮、第三轮，经过 3 个月的宣传，“优鲜果妮”风靡全校，粉丝已经发展到 4920 人，一天营业额 1500 元左右，月均收入 4 万余元。

② 优化产品组合：经济学专业的许熠深谙商业之道，不能做“一锤子买卖”，物美价廉、贴心服务才是正道。于是，他根据同学们的个性需求，不时推出将蜜柚、香蕉、苹果、金橘等组合成的“考研（微博）套餐”“情侣套餐”“土豪套餐”等个性化服务。

③ 搞好附加服务：优鲜果妮微信平台除了售卖商品，还会推送天气预报，不时“卖个萌”，有的粉丝丢失了东西也会利用“优鲜果妮”强大的粉丝团，在“优鲜果妮”的微信平台上发失物招领。

许熠已将业务范围扩大到零食、化妆品、电子数码等，并积极引进商家入驻，麻辣烫、奶茶、鸭脖等店铺开始出现在“优鲜果妮”的首页上。顾客通过“优鲜果妮”下单购买合作店铺的商品，就可以坐等送货上门，还可以获得优惠；“优鲜果妮”则获得销售提成。

8.4.2 大学生微店上做外卖

（1）项目：外卖

创办人邓超，中南财经政法大学学生，顺利拿到企业“Offer”之后，空余时间比较多，于是想着利用最后的大学时光做一次创业实践。创业前他组建了一支团队，有 15 人，来自不同的专业。

（2）运营策略

① 与商家展开合作：创业初期，邓超和几名主创为让更多商铺进驻“吃喝茶山刘”，3 天内跑遍了学校周边几百家商铺，并且利用了免费的方式吸引合作商家，同时免费向学生开放。与周边的 100 多家饭店商铺达成了优惠协议：上线 3 天就有 6000 多名粉丝。

② 加强合作：为进一步开拓市场，2013 年年底“吃喝茶山刘”与中南民族大学的学生团队合作开展了在“民大”的项目，其他学校也在接洽中。其中一个泰国零食公司在中国一直找不到合适的经销商来开展在汉业务，偶然得知了“吃喝茶山刘”，便立即与邓超等人联系并达成协议，5 分钟内卖出了上百包零食。

③ 线上线下联合促销：通过产品上线前和上线后的营销，让公众号先积累关注度，之后就根据粉丝数向想入驻的商家收取入驻费用，还可以通过向用户推送某个商家新上线活动等信息来收取广告费用……

例如，在一次女生节上，就利用“来自星星的你”这股热潮推出了“啤酒配炸鸡”的套餐服务，不到 10 分钟便销售一空。

8.4.3 全职妈妈微店卖蛋糕

（1）项目：蛋糕

2014 年 12 月，一则“私人烘焙”的帖子在微信里转发得火热，店主是“全职妈妈”——曹颖。她是两个孩子的妈妈，自己平时喜欢用烤箱做蛋糕，因在“朋友圈”晒蛋糕照片，被很多网友追捧。一次，她给孩子烘焙了 1 个蛋糕，并在微信朋友圈里“晒”了出来，结果引起了朋友的围观。在大家的要求下，曹颖就做给大家品尝。朋友们赞不绝口，相继在朋友圈里“晒”图炫耀。

通过“朋友圈”的辐射，曹颖的蛋糕逐渐小有名气，从做给孩子吃到赠送朋友，从个人爱好到做成生意，微店就这么开起来了。

（2）运营策略

① 体现出店铺的特色：虽然开微店只是源于一个偶然的机会，她经营得却十分认真。首先微店的定位就非常有特色，特别注明“私人定做，无添加更安全，全部使用天然食材”。据曹颖述说，蛋糕用的是纯牛奶奶油，一个 12 寸的蛋糕要用 14 个鸡蛋，而且所有都是自己纯手工完成。由于原料、做工的特色，即使价格稍贵些，也引来不少粉丝的关注。

② 线上线下相配合：随后订单越来越多，一年内就卖出 1000 个蛋糕，每月收入达到五千元。订单多时，两个烤箱同时工作。随着订单的增多，她开始从线上经营转入线下实体经营。

8.4.4 扯蛋哥微店卖土鸡蛋

（1）项目：鸡蛋

2013 年，尤达辞去在日照的工作，回到老家承包了一片山地，养起了草鸡，专营草鸡蛋销售。

尤达的姐姐做草鸡蛋的销售是通过农业合作社收养殖户的鸡蛋，然后卖给消费者。尤达认为“二传手”销售不仅增加了鸡蛋销售的成本，而且没有稳定的货源供应。于是，尤达决定自己养草鸡、卖鸡蛋。

在同是养鸡专业姐姐的支持下，他租赁了一片山地。为了降低成本，早日产蛋，首批就直接订购了已经 90 天大的草鸡，散养 1 个月后便开始产蛋。

姐姐一直从事鸡蛋销售，但基本上都是按老渠道，与合作社、超市进行合作。这样成本太高，利润空间压缩得很小。尤达意识到如果能将鸡蛋直接送到消费者手中，就不会存在这种情况。于是，他开始通过微信、微博宣传，并开始与粉丝互动，展开直销。借助于微博、微信等线上交易，9 个月的时间里成功售出了 3 万枚草鸡蛋。

（2）营销策略

① 视频营销：为了展示鸡蛋的特色，他还在微信上上传土鸡饲养过程的视频。消费者了解到他饲养的草鸡都是散养，吃的是山间的虫子、草籽，以及人工喂养玉米、稻谷、豆粕。这种散养的方式吸引了不少消费者上门采购，由于产蛋量并不高，每 10 只鸡每天只有三四只产蛋。所以他的草鸡蛋基本都是按个卖，每个 1.5 元。

② 做好服务：由于草鸡生活在山上，不利于消费者购买，因此他针对本地消费者开通了送货上门服务，先将鸡蛋存储在山下的储藏室内，一旦有消费者下订单便送货上门；同时还可以先品尝后付款，如果觉得可口下次订鸡蛋时再支付上一次的钱。这样的效果非常好，据尤达自述，每隔两天就要回山上拉一批蛋。

针对上海、北京这些较远的客户，则通过线上交易。每天早上，他都将已经包装好的草鸡蛋送到车站发给外地的客户。

8.4.5 阿虎微店卖烧烤

（1）项目：烧烤

夏天的路边摊烧烤，是朋友喝酒聊天必选之地。对于实体经营者来说，只要选择一个好地方，口味过得去就可以，但是在微信上卖烧烤还真是新鲜事。

阿虎从 2013 年开始做烧烤，1 年前利用微博打开网络营销之门。就当时而言，在二三线的城市，微博算是热门的社交工具。阿虎烧烤第一批原始用户就是从微博上积累而来的。2014 年是微信的时代，他又开始转战微信平台，进一步吸收手机端的用户群。

（2）营销策略

① 多样的促销方案：阿虎烧烤虽然拥有一定粉丝，但并不能让用户全部消费。这个时候他便另找突破口，把用户购买欲望调动起来，就是利用了下面几种方式。

1. 下单送优惠。微信号下单一律优惠5元，当时起送金额为30元，30元就可享受5元的优惠，折扣力度挺大的。在不断的积累下，刚20多天，微博粉丝就超过500多位，微信粉丝也有了200多位。

2. 晒单送电影票。为了把口碑宣传的涟漪继续扩大，在微博和微信上都发布了活动，只要微博或者朋友圈订购烧烤后晒单给出真实点评，或者到他们当地的论坛美食板块中发帖晒单，任何一个晒单都能获得电影票一张。但他们取票是有规则的，不支持自己来领，只能下次订烧烤的时候一并送上，所以这里又有个时间差，也促进了二次消费。

很多用户为了拿到电影票又回来开始订烧烤，第一次可能是尝试，但第二次订就是满意，多订几次就成习惯了，也使顾客从粉丝 >顾客>回头客 >忠实顾客完成了进化。

3. 回味童年时光。他们还设计了回味童年时光的活动，当晚订单满50元就送一个童年时候的铁皮青蛙。后来还送过AD钙奶、旺仔小馒头、旺仔牛奶等这些我们小时候吃到和玩到的东西，效果非常不错。好多顾客原本没有吃烧烤的想法，但因为送的小东西很有意思也特意点了烧烤。

② 打造最忠诚的粉丝：很多时候，不是拥有大量粉丝就能产生购买率。真正的粉丝，其实是指铁杆粉丝，无条件挺你的人，这才是真正有价值的用户。

阿虎对粉丝的定义就是这样，所以他十分重视粉丝的质量，还将粉丝分了类：一次消费顾客；多次消费顾客；忠实顾客；铁杆粉丝。

8.4.6 一个北京大妞与化妆品的情缘

（1）经营项目：化妆品

霍静静，一位80后北京大妞，先后在北京各大商场专柜担任过导购，店长，主管，对化妆品市场有深入的了解。就在她事业如火中天时，遇到了所有女人都会遇到的问题——生宝宝。生宝宝，对于职场女性来讲，付出的不光是生理上的剧痛，还有时间和精力、升迁和发展等更大的代价。更可怕的是重返职场后曾经的辉煌可能将会不在，于是，就萌生了自主创业的念头。

生完宝宝后，她利用自己多年积累的资源找到了优质的货源。小店主要经营国际一线品牌的化妆品，凭着过硬的产品质量和良好的服务深受粉丝的青睐，现在，霍静静注册了北京崔允儿化妆品有限公司，化妆品实体店也由原先的 20 平方米扩大到 200 平方米。

与他人分享好的产品和让更多的人因自己变得更加美丽一直是她的理想。她坚信，即使只有一家店也可以把业务发展到全国各地。因此，她依托实体店的优势，开通了自己的微店——崔允儿化妆品联盟，如图 8-26 所示，用来开拓线上市场，满足更多消费者的需求，成了一名名副其实的微商。

图 8-26　霍静静的微店

对于微商来讲，尤其是竞争已经白炽化的化妆品微商，想要在市场中站稳脚跟并不容易。除了拥有产品、服务方面的优势外，还需要有正确的营销策略，霍静静的营销策略主要体现在以下 3 个方面。

（2）营销策略

① 坚持只卖正品。

由于当前的微商市场缺乏统一的监管，再加上一些微商被利益冲昏头脑，不惜昧着良心卖假货，以次充好。导致不少用户对微信卖东西失去了信任，而霍静静不被外界打扰，坚持做正品，这也是她深受粉丝欢迎的主要原因。

她的品行、定力深深折服了用户，在用户中有了良好的口碑，粉丝的口碑比什么都重要，一传十，十传百。顾客都不是傻子，即使万里也会有心灵感应，你的货品和人品她们也会感受到。

② 渠道优势。

霍静静的小店除了有产品优势外，还有着十分独特的进货渠道，她的产品主要来自两个方面，一个是专柜直接购买，另一个是亲自赶赴国外购买，这也最大程度上保证了粉丝所买到的产品是最优质的。

③ 团购和促销。

由于专柜购买或直接代购这种渠道的特殊性，成本往往比较高，因此，大多数化妆品在价格上不够“亲民”。为此，霍静静采用团购，或不定期地举行各种促销活动的方式来弥补这方面的不足，同时也是对粉丝的一种回馈，活动中有特价售卖，也有团购打折，如图 8-27 所示。同时，霍静静也大力发展代理，现在她的代理也遍布全国各地，并且都成为了她的好朋友。

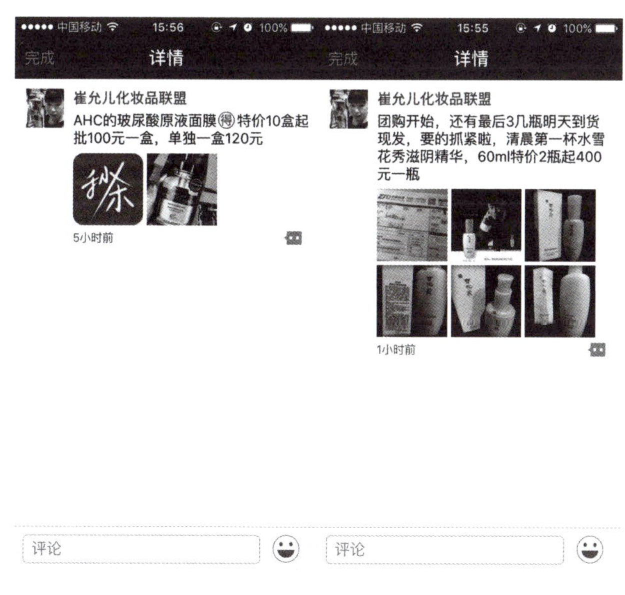

图 8-27　霍静静微信的促销活动